Leitura, escrita e ensino

CIP-BRASIL. CATALOGAÇÃO NA PUBLICAÇÃO
SINDICATO NACIONAL DOS EDITORES DE LIVROS, RJ

L557

Leitura, escrita e ensino : discutindo a formação de leitores / organização Victoria Wilson, Jacqueline de Fatima dos Santos Morais. - São Paulo : Summus, 2015.
240 p. : il.

Inclui bibliografia
ISBN 978-85-323-0998-3

1. Leitura. 2. Leitura - Estudo e ensino. 3. Escrita. 4. Interesses na leitura. I. Wilson , Victoria . II. Morais, Jacqueline de Fatima dos Santos.

14-18247

CDD: 028.55
CDU: 028.5

www.summus.com.br

Leitura, escrita e ensino

Discutindo a formação de leitores

VICTORIA WILSON
JACQUELINE DE FATIMA DOS SANTOS MORAIS
(ORGS.)

summus
editorial

LEITURA, ESCRITA E ENSINO
Discutindo a formação de leitores

Editora executiva: **Soraia Bini Cury**
Assistente editorial: **Michelle Neris**
Capa: **Buono Disegno**
Imagem da capa: **Tasia12/Shutterstock.com.br**
Produção editorial: **Crayon Editorial**
Impressão: **Sumago Gráfica Editorial**

Summus Editorial
Departamento editorial
Rua Itapicuru, 613 – 7º andar
05006-000 – São Paulo – SP
Fone: (11) 3872-3322
Fax: (11) 3872-7476
http://www.summus.com.br
e-mail: summus@summus.com.br

Atendimento ao consumidor
Summus Editorial
Fone: (11) 3865-9890

Vendas por atacado
Fone: (11) 3873-8638
Fax: (11) 3872-7476
e-mail: vendas@summus.com.br

Impresso no Brasil

Sumário

APRESENTAÇÃO

Percorrendo os caminhos da leitura, da literatura e do ensino em direção à formação de leitores

Jacqueline de Fatima dos Santos Morais

Victoria Wilson

PODEMOS AFIRMAR, SEM MEDO de errar, que a importância do ensino de leitura e, consequentemente, de sua prática hoje se tornou um consenso. Não há quem não defenda o direito à alfabetização de todos e a ampliação de políticas de promoção da leitura para crianças, jovens e adultos. E, nessa direção, o acesso ao livro, em suas múltiplas configurações, formatos, temas e estilos, apresenta-se como fundamental para garantir, em diferentes contextos, a incorporação de práticas de leitura à vida cotidiana. Defendemos que ler é fundamental, como também o é compreender esse artefato cultural e as práticas dele decorrentes em sua complexidade. E, como cremos ser necessário ultrapassar o discurso de mera constatação da importância e vitalidade do livro, para seguir em direção a ações concretas, estamos apresentando uma produção que é a materialização de nosso esforço e compromisso com a ampliação da leitura e de leitores: o livro *Leitura, literatura e ensino: discutindo a formação de leitores*.

Os estudos reunidos nesta obra nasceram de um desejo e uma intenção comuns: a de compartilhar com os futuros leitores experiências acadêmicas e profissionais com a leitura e a escrita e com a formação de leitores, além dos espaços destinados a essa função. Apesar dos diferentes textos e autorias, este livro é fruto de um trabalho coletivo, elaborado por profissionais de diferentes setores e áreas da Faculdade de Formação de Professores da Universidade do Estado do Rio de Janeiro (Uerj). É a materialização de um processo resultante de um projeto anterior, e a ele também responde. No ano de 2009, um conjunto de profissionais, alguns dos quais compõem o grupo de autores deste trabalho, elaborou um projeto de ampliação física e do material bibliográfico da biblioteca (CEHD) da faculdade, para submetê-lo à Fundação Carlos Chagas Filho de Amparo à Pesquisa do Estado do Rio de Janeiro (Faperj). Dentre os objetivos principais desse projeto, destacavam-se, em primeiro lugar, a necessidade de contribuir para a formação de profissionais, estudantes e pesquisadores, capazes de formar leitores e assim poder disseminar o interesse pela leitura em seus espaços de atuação e intervenção, partindo do princípio de que o acesso à leitura é um direito; em segundo lugar, o desejo de suprir a crescente demanda por fontes de pesquisa advinda da comunidade externa à nossa unidade de ensino, também usuária de nossa biblioteca. Tivemos êxito em nossa proposta e, atualmente, podemos afirmar o quanto o incentivo institucional e os trabalhos resultantes desse processo têm sido enriquecedores para os objetivos pretendidos.

Este livro nos é muito caro por essa razão e, além disso, pelas condições de sua produção; pela natureza de seu objeto e foco; pelo público a que se destina; e pelas perspectivas teórico-metodológicas adotadas. Há, em toda a obra, vozes que circulam, em comunhão – com todas as sutilezas que as distinguem. Fica claro, por meio da leitura dos textos, o tom uníssono, não dissonante dos textos: singulares em seus relatos de experiência e pesquisa; plurais na riqueza da descrição de detalhes particulares de cada objeto de estudo, nas reflexões aprofundadas sobre *a importância do ato de ler* (e, consequentemente, de escrever) e nas suas repercussões no ensino. Como todos os avanços tecnológicos, em meio à modernidade urbana estonteante, simplificadora, imediatista, muitas vezes superficial e veloz, os textos parecem contrariar visões enrijecedoras e empobrecedoras e clamam por aquilo que é essencial ao humano, ou à humanidade; reivindicam a palavra literária, o direito (acessibilidade) à leitura, à palavra, enfim. Há possibilidade de ver, viver, experimentar um mundo de modo diferente de uma concepção que nos é apresentada de forma pronta e acabada. Todos os textos identificam novas possibilidades de ver e ler o mundo para, assim, podermos escrevê-lo, escrever a nossa história dignamente, com atitude, crítica e respeito ao outro.

O primeiro capítulo segue nesse sentido e trata de uma experiência escolar na biblioteca. "Iniciação à docência, leitura e aproximações inventivas no território da biblioteca", escrito por Rosimeri de Oliveira Dias, Rafaela Corrêa Silva e Renata de Souza Moura, explora a experiência do projeto Biblioteca Viva no seio da escola básica, supervisionado pelas professoras envolvidas do Colégio Estadual Conselheiro Macedo Soares (CECMS). A aproximação inventiva, segundo as autoras, consiste no desenvolvimento de diferentes atividades com a reformulação das que já existem para pensar (em) outros modos de fazê-las, com o objetivo de realizar parcerias e, assim, adentrar o plural universo escolar. A ideia é "mostrar possibilidades de se deslocar e tensionar processos formativos que ligam práticas e leituras entre os territórios da universidade e da escola básica".

"Leituras e sociabilidades", de Iza Quelhas, é o segundo capítulo, que propõe uma reflexão rica e instigante sobre modos possíveis de sociabilidade, a partir da leitura de textos literários, "indagando a potência e as limitações atuais da escola e da biblioteca". Ao explorar os conceitos de Pierre Lévy, a autora procura mostrar como "são requisitados outros modos de ver e de ler" e aprofunda reflexões sobre a importância e a função da escola no sentido de promover uma "desaristocratização" da cultura, o que só seria possível por meio de novos modos de formação de leitores e novas práticas de leitura. O ponto-chave do texto, parafraseando a autora, está em problematizar de que modo podemos "reconstituir ao redor do livro as sociabilidades que perdemos" (Chartier, 2002); em ampliar e (re)conhecer os lugares de socialização da leitura a fim de poder intervir e observar quando, onde e como se pode promover a leitura, atentos às mudanças nos modos de ler os gêneros literários e não literários e às suas relações.

O terceiro capítulo é dedicado às questões voltadas para o ensino de literatura. Escrito por Glaucia Guimarães e Maria Cristina Ribas, "Literatura na universidade: dos conceitos pedagógicos à fruição literária" é um convite a novos modos de pensar/ensinar/tratar a literatura nas salas de aula das universidades, demonstrando a importância do espaço da biblioteca, com um acervo novo, como fundamental para o acesso e a fruição dos textos literários e como espaço de estudo e reflexão no âmbito das discussões teórico-metodológicas e de suas implicações no desenvolvimento das práticas em torno da leitura e da literatura infantojuvenil. O capítulo, além de relatar experiências de pesquisa com alunos graduandos, traz também reflexões teóricas importantes e revisões críticas pertinentes a respeito de ementas concentradas ainda numa visão "esquemática" da relação da leitura fruição e da leitura estética, bem como o aprofundamento das relações entre o ler e suas implicações e aplicações pedagógicas.

Em "Por uma alfabetização cidadã: por que ler e escrever a cidade de São Gonçalo com os sujeitos escolares?", quarto capítulo, a autora, Maria Tereza Goudard Tavares, desafia nossos modos de olhar as cidades para compreendê-las como "território simbólico". Assim, a autora entende a cidade como um "livro de espaços" para, assim, baseada nas concepções de Paulo Freire, defender que "aprender a ler e escrever é, antes de mais nada, aprender a ler o mundo, compreender seu contexto, localizar-se no espaço social mais amplo, a partir da noção linguagem/realidade". Dessa compreensão decorre a concepção de uma alfabetização crítica que, para Maria Tereza, nas palavras de Paulo Freire, significa "construir com as crianças das escolas parceiras de nossa investigação a percepção das relações entre o texto e o contexto, onde a leitura da palavra, da frase, do texto escrito jamais significasse uma ruptura com a leitura do mundo" (Freire, 1986).

"Entre narrativas e experiências investigativas: entrecruzando fios de histórias", quinto capítulo do livro, escrito por Mairce da Silva Araújo e Simone Ribeiro Barros André, estabelece o diálogo entre duas pesquisas de experiências formativas a partir da prática de contação de histórias, que aparece como um eixo norteador das ações investigativas. Nesse sentido, as autoras reivindicam a contação de histórias como prática que reafirma a potencialidade da narrativa como espaço de formação e autoformação.

No sexto capítulo, nomeado "Literatura infantil no ensino superior: uma proposta vivida no curso de pedagogia", Jacqueline de Fatima dos Santos Morais tematiza uma experiência vivida no âmbito da disciplina "Alfabetização", oferecida no curso de Pedagogia da Faculdade de Formação de Professores da Uerj. O texto narra como a leitura de contos de fadas para estudantes do terceiro e quarto períodos pode ser significativa para a formação docente. Partindo da constatação empírica e de dados oriundos de pesquisas nacionais que apontam a pouca inserção dos estudantes universitários na cultura escrita, resultando em certa fragilidade na apropriação e compreensão da leitura, a autora realizou com seus alunos uma prática diária de leitura de um repertório oriundo da literatura infantil. O artigo discute os pressupostos do trabalho e defende a importância desses textos para a formação da professora que formará leitores e escritores na educação básica.

"Leitura e escrita na educação de jovens e adultos: notas sobre produção de sentidos em textos escolares", sétimo capítulo, escrito por Marcia Alvarenga, problematiza aspectos implicados na alfabetização: as repercussões e os rebatimentos políticos e sociais que atravessam o contexto escolar, especialmente aqueles da educação de jovens e adultos. A autora, apoiando-se em Gramsci e Bakhtin, confere um tratamento ideológico à alfabetização. No capítulo, discute sua pesquisa desenvolvida com professores e estudantes jovens e adultos em uma escola pública de periferia urbana do estado do Rio de Janeiro. A prática da docência com jovens e adultos pressupõe o trabalho com textos e o ensino de língua, de forma dialógica, para que estudantes de EJA e professores sejam despertados para "a construção de sentidos e sobre a vida em diferentes contextos e relações". Nesses termos, a autora ressalva a importância da leitura e da escrita para jovens e adultos como "expressão criadora", ou seja, como atos de expansão da vida interior, de acordo com Gramsci.

O oitavo capítulo, escrito pela professora Isabel Cristina R. Moraes Bezerra, intitula-se "Gêneros discursivos, ensino de língua estrangeira e prática docente: a vida em capas de revistas". Trata-se de um diálogo entre leitura e escrita em língua estrangeira, cujas atividades expandem e ultrapassam o código instituído para se inserirem numa prática social leitora. O estudo está construído com base nas concepções de letramento ideológico de Street e de educação linguística crítica de Fairclough. Com relação a gêneros discursivos, a autora apoia-se em Bakhtin, Meurer e Freedman. Para dar suporte à concepção de prática pedagógica reflexiva, a autora aborda a prática exploratória desenvolvida por Allwright. Com base em atividades desenvolvidas na sala de aula de ensino básico, desconstrói uma visão estritamente formal, articulando-a ao uso dos gêneros discursivos com a vida dentro e fora da sala de aula como eixos fundantes e essenciais para a formação de leitores (em língua estrangeira).

O nono capítulo, "A leitura da palavra alheia e a construção do conhecimento em redações de vestibular", está integrado ao projeto de pesquisa "A produção escrita de alunos do ensino médio: a aprendizagem do discurso elaborado e a construção do conhecimento". Em coautoria, Victoria Wilson e Bruno Araújo discorrem, com base em Bakhtin, sobre a escrita formal, modalidade exigida no evento vestibular, articulada ao conhecimento escolar. Com o estudo, os autores esperam contribuir para uma melhor compreensão do trabalho com a linguagem, especialmente no tocante ao ensino de gêneros escolares, apresentando novas perspectivas para as reflexões a respeito da(s) leitura(s) da língua escrita, do conhecimento trazido pelo aluno em seus textos e, principalmente, da atitude dos professores experientes e em formação diante do ensino de línguas, em especial do discurso escrito, reconhecendo as linguagens sociais e os valores que se articulam nesse processo e estão intrinsecamente associados às práticas sociais de leitura e escrita.

Terminamos a apresentação deste livro retomando a ideia que nos moveu a produzi-lo: o compromisso coletivo na continuidade do debate acerca da leitura, na produção de palavras que evoquem contrapalavras, que suscitem novos diálogos e provoquem ações concretas que vitalizem a leitura nos diferentes espaços sociais. Não tivemos a pretensão de abordar todos os aspectos relacionados à leitura. As interfaces trazidas pelos diferentes autores, no entanto, abrem variadas possibilidades de pensar e viver essa temática. Cremos, isto sim, que a leitura dos artigos aqui socializados possam nos mover a, coletivamente, tecer ações mais críticas e criadoras.

As organizadoras
São Gonçalo, abril de 2013.

1 Iniciação à docência, leitura e aproximações inventivas no território da biblioteca[1]

Rosimeri de Oliveira Dias

Rafaela Corrêa Silva

Renata de Souza Moura

A BIBLIOTECA COMO TERRITÓRIO DE PRODUÇÃO DA VIDA NA ESCOLA

Este texto é efeito da experiência que acontece no subprojeto de Pedagogia da FFP-Uerj[2], vinculado ao Projeto Saber Escolar e Formação Docente na Educação Básica do Pibid/Capes/Uerj[3]. O subprojeto coloca em análise a formação inicial e continuada de professores, buscando um refinamento do campo pedagógico[4], tendo como princípio fundamental pensar e fazer a formação de professores na articulação entre universidade e escola básica, questão cara para os campos de análise e intervenção (Lourau, 1993) em ambos os territórios. Em tais campos, o subprojeto de Pedagogia ganha forma por meio de sete trabalhos desenvolvidos por 18 bolsistas de ID (iniciação à docência) e supervisionados

1. Este texto é uma ampliação acerca da discussão do trabalho "Biblioteca Viva: análise e intervenção na iniciação à docência", apresentado no IV Congresso Internacional Cotidiano - Diálogos sobre Diálogos.

2. Faculdade de Formação de Professores de São Gonçalo da Universidade do Estado do Rio de Janeiro.

3. Programa institucional de bolsas de iniciação à docência da Capes que objetiva o aperfeiçoamento e a valorização da formação de professores para a educação básica.

4. Isso quer dizer que pensamos e fazemos uma pedagogia para a escola básica com uma formação inventiva de professores (Dias, 2012), que envolve as noções de produção de subjetividade (Deleuze, 2005), políticas de cognição (Kastrup, 2005) e estética da existência (Foucault, 2004), arte e invenção (Kastrup, 2001). Para mais detalhes, acesse: <http://www.pibiduerj.org>. Acesso em: 18 ago. 2014; e o blog PIBIDianas do Macedão: <http://macedaoblog.blogspot.com.br/>. Acesso em: 18 ago. 2014.

por três professoras da escola básica, no Colégio Estadual Conselheiro Macedo Soares (CECMS). Os trabalhos são: "Biblioteca Viva", "Memorial do Macedo", "Colcha de retalhos", "Expansão dos territórios de pensamento", "Murais", "Crônicas escolares" e "Encontros e conversas entre a questão étnico-racial e o território escolar".

Nesse contexto de análise e intervenção, nosso objetivo com o presente trabalho é tornar visíveis as linhas que traçam a experiência do projeto Biblioteca Viva. Ele foi criado tendo em vista o desenvolvimento de práticas de uma formação inventiva de professores, entendida como um processo de transformação de si e do mundo, conforme aponta Dias (2012, p. 36):

> A aposta de uma formação inventiva é fazer com o outro, e formar é criar outros modos de viver-trabalhar, aprender, desaprender e não apenas instrumentalizar o outro com novas tecnologias ou, ainda, dar consciência crítica ao outro. Uma formação inventiva é exercício da potência de criação que constitui o vivo, é invenção de si e do mundo, se forja nas redes de saberes e fazeres produzidas histórica e coletivamente. Como se expressa isto no campo da formação é o que interessa nas pesquisas feitas com a escola e com a universidade. As singularidades se tornam ferramentas indispensáveis, em resistência à imposição de modelos que não têm condições de ter ressonâncias, por mais bem-sucedidas que sejam. Contudo, uma formação inventiva expressa a participação de um coletivo que busca colocar em análise as instituições e os modos de existência que constroem seu cotidiano, suas políticas cognitivas e suas estéticas constitutivas.

O projeto Biblioteca Viva constitui um dispositivo de formação inventiva de professores, na medida em que o contato com a leitura e o território da biblioteca da escola básica é uma ocasião para experiências de problematização, como o estranhamento e a surpresa, distintas da experiência de recognição e essenciais para o processo de uma aprendizagem inventiva (Kastrup, 2001; 2008). Nesse sentido, o projeto é um dispositivo de produção de subjetividades (Domingues, 2010), distinto do dispositivo de um saber-fazer pedagógico, que realiza práticas que operam a transposição de limites tanto de si mesmo já constituído quanto do mundo habitado.

Para tanto, pensa a biblioteca como um espaço para praticar a leitura em grupo e compartilhar experiências produzidas por ela. O intuito é explorar o território da biblioteca da escola, utilizando uma *aproximação inventiva* que envolva a escola, os livros, as leituras, os professores e os alunos da escola e da universidade como um todo. A *aproximação inventiva* consiste na prática que busca o encontro com a leitura, expressando uma forma de estreitar as distâncias entre universidade e escola básica, dando visibilidade a novas maneiras de ver, fazer e sentir a leitura num território tão conhecido e pouco utilizado como a biblioteca do CECMS. A aproximação inventiva articula-se com o conceito da invenção não somente como um processo a mais, mas também como uma possibilidade de percepção de sentidos e produção de signos (Deleuze, 2003). Para Kastrup (2012, p. 141):

> Inventar vem do latim *invenire*, que significa encontrar relíquias ou restos arqueológicos. Tal etimologia indica o sentido do termo, tal como ele é particularmente utilizado no campo da psicologia cognitiva. A invenção não opera sob o signo da iluminação súbita, da instantaneidade. A invenção implica uma duração, um trabalho com restos, uma preparação que ocorre no avesso do plano das formas visíveis. Ela é uma prática de tateio, de experimentação e de conexão entre fragmentos, sem que este trabalho vise recompor uma unidade original, como um *puzzle*. A invenção se dá no tempo. Ela não se faz contra a memória, mas com a memória, produzindo, a partir dela, bifurcações e diferenciações. O resultado é necessariamente imprevisível.

Nesse sentido, uma *aproximação inventiva* segue uma perspectiva de problematização, em que a invenção se coloca como ferramenta de produção de problemas e questões sociais, historicas e políticas que forçam o pensamento a pensar e conhecer. Ao mesmo tempo, coloca-nos numa relação estreita com o presente, o acontecimento.

Aproximações inventivas e práticas de leitura são entendidas como práticas cognitivas, no sentido definido por Francisco Varela (s/d): conhecer = fazer = ser. A cognição é um fazer, uma atitude, uma prática. "Não agimos para conhecer ou conhecemos para agir" (Kastrup, 2008, p. 268). Prática e conhecimento são um mesmo processo. Há, também, uma dimensão ontológica, associando fazer e a constituição da existência. Ao praticar, o sistema conhece e, ao mesmo tempo, produz-se em coemergência com o mundo. A prática responde pela invenção do sujeito e do objeto, de si e do mundo. Kastrup acentua que a noção de prática cognitiva não se confunde com o conceito behaviorista de comportamento. Nas palavras da autora (*Ibidem*, p. 268):

> O *behavior* é o comportamento observável e objetivo, controlado por estímulos do meio externo e, de acordo com esta concepção, a aprendizagem é um processo de solução de problemas e de adaptação. Diferentemente, Varela afirma que uma prática cognitiva não põe em relação um sujeito e um objeto dado, mas os constitui efetivamente. O caráter inventivo da prática cognitiva é explicado por meio de um modelo teórico que inclui, na prática, a invenção de problemas. O conceito de *breakdown* é o momento da invenção de problemas, da experiência de problematização, para Varela. Se o si e o mundo não são dados, e sim coengendrados, não há também problemas dados, mas sim inventados. O *breakdown* consiste numa quebra da atitude natural.

Como uma espécie de brecha, o *breakdown* inscreve a imprevisibilidade no seio da prática. O que se experimenta com a problematização? Uma descontinuidade, uma quebra, que reorienta o curso da prática cognitiva. A continuidade da prática cognitiva é fundada na história dos acoplamentos anteriores, mas a experiência presente coloca problemas novos, que exigem sua reorganização. Para Francisco Varela (1995, p. 49), o *breakdown* não é exceção ou ruído, mas a fonte de uma cognição incorporada e concreta. Por isso, a prática não pode ser dita de um sujeito, pois não há um eu central que seja a fonte de ações deliberadas e voluntárias. O si mesmo é uma propriedade emergente de uma tensão de processos cognitivos, fragmentados e impessoais. Trata-se de um si mesmo virtual, em constituição com o mundo. Nas palavras de Varela, trata-se de uma competência ética, que se refina com os usos, seus efeitos e o tempo.

Dada a potência inventiva das experiências de *breakdown*, operadoras de problematizações no fluxo cognitivo habitual, justificamos a importância de práticas concretas de *aproximações inventivas* que mobilizem experiências de leitura no "entrecampo" de escola e universidade. O projeto Biblioteca Viva tomou a leitura como uma prática cognitiva dessa natureza. Seu objetivo é a realização da leitura como uma atividade de rastreio, passando rente ao texto. Procura captar seus ritmos, movimentos, velocidades, lentidões e, sobretudo, seus pontos de problematização. Não visa prioritariamente à interpretação dos textos e à busca do significado, mas sim promover encontros e conversas (Dias, 2012) com o texto naquilo que ele tem de problemático, imediato e singular, escapando dos esquemas recognitivos. A leitura segue o movimento do texto, ocorrendo o encontro com o inesperado, o estranho, a surpresa e todas as demais figuras da invenção de problemas. Deleuze (2004) acentua que os textos literários possuem uma potência problematizadora, produzindo experiências que transpõem os limites das formas subjetivas dadas, acionando blocos de sensações, afetos e perceptos pré-subjetivos e impessoais. Kastrup (2008, p. 269) auxilia essa reflexão quando diz que:

> A literatura produz sensações que atravessam o vivido por um sujeito, mas que se encontram num plano distinto. Elas emergem da matéria sensível da linguagem, das palavras, da sintaxe, mas tocam o leitor como entidades imateriais, portanto uma ideia, uma singularidade, um afeto, uma diferen-

ça. Podem não acionar diretamente a lembrança ou a imaginação, mas apenas capturar o leitor na experiência do presente vivo, em sua plena afirmação. E, enquanto ultrapassa o plano do vivido, a literatura revela sua potência problematizadora.

Bem como favorecer tais experiências, as práticas de leitura do projeto Biblioteca Viva são tomadas, também, como práticas de si, tal como definidas por Michel Foucault (2006), que as distingue das práticas de saber e de poder. Para Foucault, o conceito de prática expressa uma racionalidade ou uma regularidade que organiza o que os homens fazem, que possui um caráter sistemático – saber, poder, ética – e geral (recorrente) e, por isso, constitui uma experiência ou um pensamento. Funcionar com a noção de práticas de Michel Foucault é justamente sair dos caminhos substantivados, das ideias universais, do mundo e do verdadeiro passado, deslocando para a feitura das coisas, para uma atividade política de desnaturalizar o que é dado como óbvio. Essa noção-ferramenta destampa e atiça o olhar o mundo na arte de captar o que é raro, o que singulariza o que é estranho e merece atenção, pois é precioso nos encontros entre universidade e escola básica. Em sua dimensão de prática de si, as práticas de leitura encerram um cuidado de si, mas não constituem um culto ao eu ou um investimento no ego. As práticas de si evidenciam o exercício de um ensaio, uma experiência modificadora de si (Dias, 2012b). Nas palavras de Foucault (1994, p. 14),

> protocolo de um exercício que foi longo, hesitante, e que frequentemente precisou se retomar e se corrigir. Um exercício filosófico: sua articulação foi a de saber em que medida o trabalho de pensar sua própria história pode liberar o pensamento daquilo que ele pensa silenciosamente, e permitir-lhe pensar diferentemente.

Para ele, elas têm uma dimensão ética, pois resultam de escolhas, e o que está em jogo é a constituição da existência e a invenção de si.

Deve-se entender, com isso, práticas refletidas e voluntárias através das quais os homens não somente se fixam regras de conduta, como também procuram se transformar, modificar-se em seu ser singular e fazer de sua vida uma obra que seja portadora de certos valores estéticos" (*Ibidem*).

A proposta do projeto Biblioteca Viva é experimentar concretamente a problematização em uma composição ética, estética e política (Guattari, 1981). Os alunos frequentavam a biblioteca por escolha própria e sem a intermediação dos professores. Tal escolha baseou-se em grande parte na regularidade da abertura do espaço às quartas-feiras e na reafirmação de um território que pode e deve ser explorado pelos alunos. A hipótese é que a prática regular da leitura em *aproximações inventivas* produz efeitos sobre seus leitores, afetando e reconfigurando a cognição e a subjetividade, inclusive ampliando a escolha de novas práticas. A escolha das práticas responderá pela invenção de si e também, de modo indissociável, de mundos para além dos limites escolares constituídos, expandindo-os e diversificando-os. Habitar o território da biblioteca escolar e experimentar as bifurcações cognitivas que o texto literário possibilita são, nessa medida, ocasiões para a problematização de si e do mundo conhecido, abrindo-as para transformações diversas e singulares. Nesse sentido, as práticas de leitura são fontes de invenção de si e do mundo (Kastrup, 1999) e uma prática de atenção a si. Tais práticas facultam encontrar o que há de potência problematizadora no texto, o que possibilita forjar a virtualidade do si mesmo, com seu caráter processual que subjaz às formas já constituídas. Como afirma, pela produção de diferenças, Manoel de Barros (1998, p. 79):

Não aguento ser apenas um sujeito que abre portas, que puxa válvulas, que olha o relógio, que compra pão às 6 horas da tarde, que vai lá fora, que aponta lápis, que vê a uva etc. etc. Perdoai. Mas eu preciso ser Outros.

CONTANDO HISTÓRIAS E EXPERIÊNCIAS DE UMA FORMAÇÃO COMO UM COLETIVO DE FORÇAS

Destacando a importância de práticas concretas de aprendizagem inventiva (Kastrup, 2001), o presente texto analisa a promoção da leitura em seus diferentes aspectos, bem como a possibilidade de proporcionar um diferencial na formação dos alunos que utilizam o território da biblioteca da escola básica. O conceito de *aproximação inventiva* é um dos aliados na afirmação de um trabalho embasado nas perspectivas metodológicas do subprojeto de Pedagogia, dialogando com experiências de uma iniciação à docência.

A parceria com o Colégio Estadual Conselheiro Macedo Soares, localizado no bairro Barreto, no município de Niterói, proporciona a constituição dos eixos de análise e de intervenção do referido projeto, ao mesmo tempo que nos possibilita aprender a trabalhar com uma processualidade que enfrenta o cotidiano escolar e suas imprevisibilidades. Ao longo da pesquisa no colégio, alguns pontos cruciais determinaram a escolha pelo trabalho envolvendo a biblioteca, um território tão conhecido, porém pouco utilizado. A grande quantidade e a qualidade dos livros que a biblioteca da escola possui, a reflexão sobre a leitura e os efeitos que ela pode trazer para os alunos, professores, pesquisadores e a escola como um todo são implicações (Lourau, 1993)[5] que estiveram presentes nesta pesquisa e influenciaram diretamente na decisão de tocar este trabalho. Todos esses fatores desencadearam um interesse investigativo desse território tão heterogêneo e pulsante que é a escola, de um modo geral, e a biblioteca, em especial.

5. Apresentando o paradigma ético-estético e político, Guattari (2006) estabelece como compromisso maior a afirmação da vida: a ética é o reconhecimento da diferença, a estética faz referência ao processo permanente de criação da existência e a política afirma os compromissos e os riscos de práticas implicadas.

Como o trabalho é efeito das análises e intervenções na perspectiva da invenção, o método da cartografia e da pesquisa-intervenção (Passos, Kastrup e Escóssia, 2009) constitui o eixo teórico e metodológico do subprojeto de Pedagogia. Entendemos que não é possível cartografar um território antes de habitá-lo, e a elaboração do projeto Biblioteca Viva começou por aí. O trabalho vai acontecendo nas bordas do território, buscando ultrapassar seus limites. O método da cartografia exige de nós aprender a começar pelo meio. O que já existe de trabalhos na biblioteca do Macedo?

Tratamos, no Biblioteca Viva, de um projeto-cartografia, elaborado e reelaborado na medida das processualidades e configurações das forças presentes. A Semana das Emoções é um exemplo de atenção ao momento presente do colégio, de uma restituição dos projetos já desenvolvidos na biblioteca. Desenvolvida no segundo semestre do ano de 2011, essa atividade – que não seria realizada naquele ano por falta de funcionários – foi um pretexto para uma aproximação inventiva, recebendo a participação e colaboração dos alunos e professores da escola. Colocar em prática uma atividade preestabelecida, com seus modelos e padrões determinados, não é tão inovador assim. Na perspectiva da invenção, porém, as brechas pelas quais escolhemos adentrar fazem toda a diferença na atenção ao presente. A princípio seria a mesma Semana das Emoções de todos os anos, porém, no decorrer da prática, diante das situações singulares de cada momento, de cada dia, de cada segundo, os caminhos e alternativas plurais determinaram ou arriscaram determinar outro sentido da sua realização. O andamento dessa atividade, já desenvolvida pelas bibliotecárias logo no início do projeto Biblioteca Viva, possibilitou uma maior visibilidade e aproximação dos alunos e da escola como um todo, tendo em vista a constante curiosidade, que se expressava por meio de perguntas no pátio da escola nos intervalos das aulas.

Andar pelo meio é um convite a viver na corda bamba. Por isso, nossa atenção é ferramenta fundamental e, com ela, o diário de campo é utilizado como dispositivo para evidenciar as análises entre escrita e produção da docência no desenvolvimento do projeto Biblioteca Viva. Sua importância expressa-se na composição do plano coletivo de força e forja potentes análises. Dados as singularidades do método da cartografia e os dispositivos de uma formação inventiva de professores, estabelecemos uma política para o trabalho, definida tanto das formas subjetivas instituídas quanto do domínio cognitivo das forças habitadas pelos alunos da escola. Ela foi desdobrada em três momentos: relação entre escola e formação; relação entre livro e leitura; e relação consigo.

A RELAÇÃO ENTRE ESCOLA E FORMAÇÃO: LADOS COEXISTENTES

Coloca-se em análise a condição de bolsistas iniciantes com a escola e a formação como estudantes. A atenção volta-se para as particularidades da escola e os movimentos que acontecem entre ela e os conceitos presentes em nossos estudos. Com a existência de projetos na biblioteca e a possibilidade de criar outros, fez-se presente pensar em algumas intervenções por meio de *aproximações inventivas* que pudessem articular uma integração do nosso projeto com a escola e a formação de professores.

A participação da Semana das Emoções deu-se como forma de apresentação e aproximação com as turmas, os professores e os funcionários da escola, buscando espaço e tempo para afirmar e desenvolver o projeto Biblioteca Viva. As surpresas fizeram-se presentes no decorrer do evento, ocorrendo um fortalecimento das relações com a bibliotecária do turno da manhã, a Ana, e a do turno da noite, a Regina. Estabelecemos um contato mais aproximado com alguns alunos, e, entre outros efeitos dessa experiência, surgiu a percepção das possibilidades e da produção de diferenças nos usos do território da biblioteca. As intenções e proposições das ferramentas utilizadas fizeram-se presentes desde o início do projeto Biblioteca Viva e caminharam no sentido de dar visibilidade aos processos e acompanhamentos do que acontece e nos implica nas experiências de leitura e do pesquisar. Essas experiências reverberam em um saber-fazer, aquele saber que vem e emerge simplesmente do fazer e acende os pontos cegos da pesquisa. Os registros nos diários de pesquisa ilustram os acontecimentos e ajudam a captar o movimento de implicação nesse processo de pesquisar e de se formar, um forte dispositivo de análise e intervenção.

> Como ainda estamos em processo de elaboração de um projeto que envolve a leitura e suas diferentes possibilidades envolvendo o território da Biblioteca do CECMS, conversamos com a bibliotecária para saber quais atividades eram desenvolvidas lá. Quando ela falou sobre a "Semana das Emoções", eu fiquei muito empolgada e já podia imaginar que era possível realizar essa aproximação inventiva envolvendo todas as turmas e professores da escola. Penso que com essa intervenção, vamos nos aproximar da escola e dar o pontapé inicial para o nosso projeto. (Diário de Campo, 2/9/2011 - Renata Moura)

O pontapé foi inicial, fazendo a Semana acontecer. Mas já estávamos no meio de um trabalho entre escola e formação, com nossos grupos de estudos, e reuniões entre supervisoras, bolsistas e coordenação. Pois fazer a Semana das Emoções acontecer colocou-nos em contato direto com a biblioteca, a escola, a nossa formação, os alunos e os professores – e isso é expressão de um modo de habitar o entrelugar da escola e da universidade, em devir.

Em outra experiência, o trabalho foi desenvolvido exclusivamente com uma turma específica, a 602, com o intuito de tornar visíveis os efeitos das aproximações inventivas, destacando a criação coletiva de outros modos de fazer e habitar o território da biblioteca, evidenciando leituras e trabalhos artísticos sobre temas abordados em livros, revistas e jornais. Fizemos um "varal biblioteca", que representa um canal de comunicação e, sobretudo, restituição dos trabalhos realizados dentro e fora do ambiente. Com o varal, utilizamos jogos interativos entre os alunos, em busca da relação desse território com outras ciências e seus possíveis efeitos numa formação mútua, de ordem ética-estética-política (Guattari, 2006)[6]. O intuito é trazer as incertezas e problematizações, afastando-se das competências e do desenvolvimento de habilidades, apostando em formar um coletivo de forças, diferentemente das constantes individualizações do mundo atual. Introduzir a possibilidade do misto de sensações e acontecimentos, seguindo um caminho de implicar, intervir e produzir conhecimento sem ordem cronológica, potencializa o processo da prática de leitura e, inclusive, de aprendizagem dos alunos, num contexto micropolítico, de uma experimentação ativa (Dias, 2011).

A RELAÇÃO ENTRE LEITURA E LIVRO: UMA PROPOSTA AMPLIADA

A leitura como experiência e produção de sentidos diferencia as *aproximações inventivas* na medida em que possibilita uma forma de agenciar (Deleuze e Guattari, 1977) os alunos com a imaginação, e utilizá-la como ferramenta para construir conhecimentos. Para Dias (2012, p. 127),

> Imaginar possibilita deslocamentos. Colocando imaginar numa dimensão de agenciar-se com um trabalho, uma pesquisa, um ato de aprender, uma obra de arte; cabe dizer que este ato é um exercício de se deslocar. Ao mesmo tempo em que força o pensamento a se derivar daquilo que já está colocado

6. A noção de implicação é forjada no campo da Análise Institucional, buscando confrontar-se ao cientificismo objetivista e neutro que postula a possibilidade de separação e distanciamento entre pesquisador e objeto. Ao contrário dessa neutralidade, a Análise Institucional afirma que sempre estamos implicados naquilo em que intervimos. A análise de implicação permite-nos incluir os efeitos analisadores dos processos de intervenção, analisando a posição do pesquisador nas relações sociais e na trama institucional. A implicação é um "nó de relações" (Altoé, 2004, p. 190).

> como verdade, como objeto a ser descoberto, como função recognitiva de pensar o já pensado, é colocado como ato de invenção de si e do mundo. Na tarefa da pesquisa esta é uma função essencial para se fazer diferença e criar novos percursos e formas de viver e conhecer. Imaginar entre pesquisar e aprender opera uma máquina de inventar.

A prática da leitura como um exercício proporciona aos alunos a experiência de um permanente devir e inacabamento, uma constante construção de sentidos para as palavras do texto e para sua existência. A relação que buscamos ao planejar *aproximações inventivas*, dialogando com a literatura em seu sentido amplo, utilizando jornais, livros e revistas, entre outras formas de leitura, auxilia no engajamento com o cotidiano escolar e suas cobranças e na entrada do vivo território da imaginação e de outras visões acerca da leitura.

Estar entre leitura e livro significa levar a cabo a proposta da pesquisa-intervenção. Esta se dá na medida em que se acompanha e conhece "o sujeito e objeto" completamente imerso nesse plano, consistente na abertura para experiência, em estar implicado com aquilo que se vê, sente e faz. Uma boa pista para entender essa ferramenta está em saber que "para conhecer o caminho, é preciso estar caminhando junto". Emerge, assim, a ideia de pensar outros modos de produção de vida na escola e atuar numa perspectiva de uma formação inventiva de professores (Dias, 2012). Formação essa que é considerada em constituição, em que se permitem mudanças e transformações do profissional e dos métodos utilizados, tomando como ponto central a reformulação tanto dos processos de aprendizagem quanto da visão do tempo/espaço escolar e da existência do professor. Ela se dá de maneira processual. Nesse sentido, "o aprendizado jamais é concluído e sempre abre para um novo aprendizado" (Kastrup, 2005). Formação, assim, pode ser definida como uma experiência de aprendizagem inventiva, como um território de invenção de si e do mundo (Kastrup, 2001; Dias, 2011, 2012).

A RELAÇÃO CONSIGO: IMPLICAÇÕES E EXPERIÊNCIAS

> Será que conseguimos ser cem por cento coerentes? Em todos os momentos da nossa vida? A resposta ao certo eu não sei, apenas sei que nossa formação atravessa a vida e ultrapassa coerências. Este processo de formação é contínuo e longo demais para vivermos tentando dar conta das coisas e buscando resultados. Aqui não nos interessa inícios ou fins, e sim os meios, repletos de encontros e desencontros, sensações, inquietações, certezas e incertezas, construção e desconstrução. (Diário de Campo, 18/10/2012 – Rafaela Corrêa)

O convívio com os alunos traz efeitos para a formação e configura um misto de sentimentos, aprendizados, surpresas e experiências. A alegria, os medos, as certezas, as incertezas e dúvidas que surgem pelo meio do caminho são estímulos para um fazer diferente. Afetadas e deixando-nos afetar pelos eixos de análise e de intervenção do subprojeto de Pedagogia, conseguimos atingir os alunos, provocando-lhes interesse pelas aproximações inventivas. É um contágio!

Como efeito, há o exercício de pensar sobre a pesquisa em nós. O que cada aproximação proporciona toca de maneira singular, ou seja, no sentido de compartilhar procuramos fazer um coletivo de sensações, emoções e tensões. Nesse contexto de análise e de intervenção, o terceiro momento começa a ganhar consistência.

> Foi apaixonante ver que os alunos já estão envolvidos conosco e com a biblioteca. Enquanto Rafaela e eu estávamos conversando e refletindo sobre a aproximação daquela semana, havia alunos da turma 602 lendo gibis, folheando livros, jogando e conversando com colegas de outras turmas. Percebi também que a biblioteca estava movimentada, porém, mais silenciosa. Fiquei feliz em saber que eles estão habitando este território. (Diário de Campo, 7/11/2012 – Renata Moura)

As aproximações inventivas, com os conceitos estudados, forçam a pensar a biblioteca como um território em movimento de conhecimentos e, sobretudo, analisar as práticas de leitura na escola e as próprias práticas de atuação. Repensar e produzir ações que envolvam literatura, música, arte, contação de histórias, confecção de cartazes, jogos e atividades físicas aliadas à leitura podem auxiliar o movimento da relação entre biblioteca e produção de vida na escola. O intuito é tornar visível que a produção de conhecimento e a leitura ganham corpo por meio de ferramentas da formação inventiva de professores.

Outro exemplo a ser contado é o de uma aproximação inventiva realizada no laboratório de Ciências, a oficina "Eu curto reutilizar". Buscou-se relacionar a diversidade do meio ambiente e o cotidiano da vida utilizando um livro que explora o tema da reciclagem. O intuito dessa aproximação, além do estímulo à leitura, era realizar agenciamentos com grupos de outras áreas de conhecimento que estão vinculados ao Pibid/Capes/Uerj, bolsistas do subprojeto de Biologia que também possuem o CECMS como escola parceira. Alguns efeitos foram sentidos no olhar e na atenção dos alunos e bolsistas ao experimentarem essa aproximação inventiva que compartilhava territórios e campos de conhecimentos distintos.

> Um acontecimento me despertou atenção: um aluno conhecido como "bagunceiro" da turma saiu da sala no momento em que fui buscar a turma para irmos à biblioteca. Saí com os outros alunos e não o tinha visto; no meu caminhar, escuto um chamado: "professora!". Ele chegou bem perto de mim, me virei e ele prontamente disse: "– Vou ao banheiro rapidinho, mas já estou indo!" Aquilo me paralisou. Alguém que há pouco tempo sairia e não falaria nada, talvez nem fosse à biblioteca, parou, ouviu e realmente ouviu. (Diário de Campo, 6/9/2012 – Rafaela Corrêa)

Nesse momento, o coletivo de forças entra em ação, representando os três momentos da pesquisa no CECMS, atravessando a relação entre escola e formação, a relação entre livro e leitura e a relação consigo. São pequenos gestos que afirmam os conceitos-ferramenta do subprojeto de Pedagogia atravessando o Biblioteca Viva: análise institucional com seu dispositivo do diário de pesquisa (Lourau, 1993); políticas de cognição (Kastrup, Passos e Tedesco, 2008); formação inventiva de professores (Dias, 2012); e método da cartografia e da pesquisa-intervenção (Passos, Kastrup e Escóssia, 2009). Tais atravessamentos afirmam um modo de constituição de si e do mundo que se dá pelo meio, não apresentando uma lógica de início, meio e fim, mas coemergindo imprevisivelmente no plano de forças e, com isso, auxiliando-nos a colocar nossa atenção no presente.

> Quero contar o que venho sentindo ao lidar com a turma, um sentimento sem explicação, o que sei é o prazer que tenho sentido em estar ao lado deles. Uma experiência de hoje me fez comprovar um pouco dos meus estudos e do que venho procurando desenvolver com a turma, uma relação "entre". Devido ao fato de alguns alunos não participarem na última aproximação, hoje muitos alunos queriam participar; diante desse grande número de alunos, não tínhamos espaço suficiente para realização da atividade proposta. Imediatamente propus uma solução: não iria me pronunciar, eles mesmos resolveriam essa situação e encontraríamos um jeito de darmos continuidade. Comprovei um fazer junto, não determinando atos e ações, estimulando a participação e a decisão por parte deles, devires e singulares, ou seja, procurei sair do lugar das determinações e ordens, tornando visíveis seus pensamentos e destacando sua ativa participação em seu próprio processo de aprendizagem. Vivemos um aprender coletivo, compartilhando ideias. (Diário de Campo, 31/10/2012 – Rafaela Corrêa)

Contamos brevemente histórias em acontecimentos emergentes de um plano de forças, plano este que faculta a produção de diferenças. Vale dizer que essas histórias envolvendo a turma 602 e a biblioteca do CECMS não foram e continuam não sendo somente flores, mas cabe aqui colocarmos as que possibilitem um olhar diferenciado para uma turma do sexto ano de um colégio estadual, com seus problemas e singularidades. O difícil é sempre a expressão do que nos move e nos desloca.

Destacamos o brilho nos olhos desses alunos, brilho que conseguimos visualizar a cada aproximação desenvolvida com a turma. Um brilho-expressão de quem ouviu e ouve que a escola não é um bom lugar para se habitar. Mas também um brilho-movimento que mostra a possibilidade de sair dos lugares de lamento, muito usuais na escola básica. O deslocamento em questão convoca-nos a trazer um envolvimento com a leitura e a formação em seus diferentes aspectos para os estudantes da escola básica e da universidade, no sentido de contar histórias de uma *Biblioteca Viva*, emergente dos movimentos e acontecimentos, contrariando as fortes vozes que a renegam e a depreciam.

Este trabalho, em curso, cria contornos para pensar a biblioteca do referido colégio como um território habitado por alunos e funcionários e fazer uma análise da leitura e seus efeitos nesse território, transitando pelas micropolíticas do cotidiano da formação docente, evidenciando seus analisadores (Lourau, 1993). Ao mesmo tempo, inventar outros possíveis modos de fazer, pensar, conhecer e ser nesses territórios. Ou seja, fazer ver e falar alguns pontos de intensidade e sentidos produzidos de formar, ler, pensar, escrever, imaginar e viver.

Nosso intuito, então, é formativo e um pouco estratégico. Em primeiro lugar, porque apresentou alguns conceitos pouco conhecidos por educadores: o de formação inventiva de professores e aproximação inventiva. Em segundo, por ter expressado e assinalado os sentidos e efeitos que tais conceitos provocaram em práticas interventivas de leituras feitas na biblioteca de uma escola pública.

Nosso desejo com este trabalho foi o de mostrar possibilidades de se deslocar e tensionar processos formativos que ligam práticas e leitura entre os territórios da universidade e da escola básica. Contudo, incluímos algumas relações presentes nesses territórios – professor e aluno, ensino e aprendizagem, universidade e escola –, dando ênfase à construção coletiva de territórios de pensamento. Acreditamos que o uso e a análise dos efeitos das aproximações inventivas forjam mudanças na aprendizagem e na formação de leitores, podendo ser um diferencial na produção da vida e na constituição de alunos e professores movidos por um desejo de habitar o território chamado escola.

REFERÊNCIAS

Altoé, S. *René Lourau: analista institucional em tempo integral*. São Paulo: Hucitec, 2004.

Barros, M. *Retrato do artista quando coisa*. Rio de Janeiro: Record, 1998.

Deleuze, G. *Proust e os signos*. 2. ed. Rio de Janeiro: Forense Universitária, 2003.

______. *Crítica e clínica*. São Paulo: Ed. 34, 2004.

______. *Foucault*. São Paulo: Brasiliense, 2005.

Deleuze, G.; Guattari, F. *Mil platôs: capitalismo e esquizofrenia. V. 4*. São Paulo: Ed. 34, 2002.

______. *Kafka: por uma literatura menor*. Rio de Janeiro: Imago, 1977.

Dias, R. O. *Deslocamentos na formação de professores: aprendizagem de adultos, experiência e políticas cognitivas*. Rio de Janeiro: Lamparina, 2011.

______. *Formação inventiva de professores*. Rio de Janeiro: Lamparina, 2012a.

______. "Imaginar". In: Fonseca, T. M. G.; Nascimento, M. L.; Maraschin, C. *Pesquisar na diferença*. Porto Alegre: Sulina, 2012b, p. 127-30.

Domingues, L. *À flor da pele: subjetividade, clínica e cinema no contemporâneo*. Porto Alegre: Sulina, 2010.

Foucault, M. *História da sexualidade: o uso dos prazeres*. Trad. Maria Thereza da Costa Albuquerque. Rio de Janeiro: Edições Graal, 1984.

______. *Hermenêutica do sujeito*. São Paulo: Martins Fontes, 2004.

______. *Ditos e escritos V: ética, sexualidade, política*. 2. ed. Rio de Janeiro: Forense Universitária, 2006.

Guattari, F. *Revolução molecular: pulsações políticas do desejo*. São Paulo: Brasiliense, 1981.

______. *Caosmose: um novo paradigma estético*. São Paulo: Ed. 34, 2006.

KASTRUP, V. *A invenção de si e do mundo: uma introdução do tempo e do coletivo no estudo da cognição.* Campinas: Papirus, 1999.

______. "Aprendizagem, arte e invenção". In: LINS, D. (org.). *Nietzsche e Deleuze: pensamento nômade.* Rio de Janeiro: Relume Dumará, 2001, p. 207-23.

______. "Inventar". In: FONSECA, T. M. G.; NASCIMENTO, M. L.; MARASCHIN,

______. "Políticas cognitivas na formação do professor e o problema do devir-mestre". *Educação e Sociedade*, v. 26, n. 93, Campinas, set./dez. 2005, p. 1273-88.

______. "Cartografias literárias". In: KASTRUP, V.; TEDESCO, S.; PASSOS, E. *Políticas da cognição.* Porto Alegre: Sulina, 2008, p. 267-95.

______. "Inventar". In: FONSECA, T. M. G.; NASCIMENTO, M. L.; MARASCHIN, C. *Pesquisar na diferença: um abecedário.* Porto Alegre: Sulina, 2012, p. 141-44.

KASTRUP, V.; PASSOS, S.; TEDESCO, E. *Políticas da cognição.* Porto Alegre: Sulina, 2008.

LOURAU, R. *Análise Institucional e práticas de pesquisa.* Rio de Janeiro: Uerj, 1993.

PASSOS, E.; KASTRUP, V.; ESCÓSSIA, L. *Pistas do método da cartografia: pesquisa-intervenção e produção de subjetividade.* Porto Alegre: Sulina, 2009.

VARELA, F. J. *Sobre a competência ética.* Lisboa: Edições 70, 1995.

______. *Conhecer: as ciências cognitivas, tendências e perspectivas.* Lisboa: Instituto Piaget, s.d.

2 Leituras e sociabilidades

Iza Quelhas

PALAVRAS DO PÓRTICO

> Carrega-me contigo, Pássaro-Poesia
> quando cruzares o Amanhã, a luz, o impossível
> Porque de barro e palha tem sido esta viagem.
> (Hilda Hilst, 1989)

O POEMA DA EPÍGRAFE abre o texto e o pórtico desta introdução, tocando-nos pelo desejo: "Carrega-me contigo, Pássaro--Poesia". Lemos no poema o que Ítalo Calvino identifica como um "descontentamento com o mundo", um "esquecer-se das horas e dos dias fixando o olhar sobre a imobilidade das palavras mudas" (Calvino, 1995, p. 65). A esse esquecimento pode-se chamar de *experiência íntima* da leitura, sendo a poesia um lugar de exploração dos limites da linguagem, como o sabem e fazem *os* e *as* poetas. São estes, talvez, que nos levam, nos inícios do contato com a letra escrita, a amar os textos, os livros, a língua ou o idioma. Com eles aprendemos o valor dessa "experiência íntima" (Britto, 2009, p. 20), do ritmo da respiração na folha em branco, recortada no desenho da mancha gráfica. Mas não só de poemas e de arte vivem os leitores, e a leitura, por sua dimensão abrangente e múltipla, abarca o plural e o heterogêneo.

As palavras do pórtico devem-se ao momento cultural no qual vivemos, com os embates de uma sociedade capitalista, na qual tanto a literatura quanto a arte assumem também o lugar de objeto de consumo. Na passagem de um século a outro, as condições humanas e materiais para a formação de leitores não apontam mudanças e melhorias significativas. A citação a seguir, por sua vez, registra o que é estranho ao olhar do outro que aponta o banalizado: "Nada impressiona tanto o estrangeiro como essa ausência de livros nas casas brasileiras" (Leite, 1984, p. 75).

Em início do século XXI, ainda nos encontramos numa realidade que mantém a pertinência com o que foi afirmado, não apenas na perspectiva de estrangeiros. Estamos ainda no pórtico – entre uma realidade culturalmente empobrecida e o sucateamento das instituições públicas. Tem-se um descompasso com as mudanças sociais, culturais e tecnológicas, num ambiente social em que predominam as leis de mercado, a promover vendas, portanto consumo, cada vez mais exitosas, o que é um paradoxo.

Desde José de Alencar e Machado de Assis, no Brasil, folhetins e romances cativaram a admiração de leitores, homens e mulheres. As referências às leitoras constituíam um processo de sedução artística e intelectual. Se havia mais leitoras do que leitores é algo problemático de se afirmar; tratava-se mais da afirmação de um desejo social do que propriamente uma realidade, como nos diz Marisa Lajolo (1996, p. 116). A autora registra, em relação às personagens femininas do romance dezenovista, o caso da protagonista do romance *Inocência* (1972), de Visconde de Taunay, apresentada como "filha dos sertões", que desconhece a leitura de livros e a instrução, incontestável prova de sua ingenuidade, vista positivamente no romance.

Apesar das dificuldades institucionais e sociais para a formação de sujeitos letrados no Brasil, gradualmente, a leitura conquistou homens e mulheres, configurando também fonte de preocupações sociais, tanto da censura religiosa quanto familiar, pois se temeu, durante longo tempo, como nos diz Paiva (2003, p. 74), o "poder de transformação dos livros". No processo de disseminação da leitura entre as moças, no início do século XX, retomaram-se as práticas e técnicas da catequese em torno da conduta moral: o "bom exemplo", conforme anota Nunes (1996, p. 25). Prevalece a função literária educativa e moralizante, o que foi útil nos livros didáticos, antologias e gramáticas, que se valeram abundantemente de exemplos retirados das páginas dos clássicos. Tem-se uma língua irretocável, mas artificial, privilegiando o uso da correção e da imitação de um "bem escrever" que só se encontra nos livros.

Nas primeiras décadas daquele século, os acontecimentos sociais e políticos impuseram incontornáveis questões. Em um texto intitulado "A Revolução de 1930 e a cultura", Antonio Candido (1989, p. 195) comenta:

> O novo modo de ver, mesmo discretamente manifestado, pressupunha uma "desaristocratização" (com perdão da má palavra) e tinha aspectos radicais que não cessariam de se reforçar até nossos dias, desvendando cada vez mais as contradições entre as formulações idealistas da cultura e a terrível realidade da sua fruição ultrarrestrita. Por extensão, houve maior consciência a respeito das contradições da própria sociedade, podendo-se dizer que sob este aspecto os anos 30 abrem a fase moderna nas concepções de cultura no Brasil.

Não é nosso objetivo nos alongarmos nas questões latentes que sustentam a interpretação de Antonio Candido. A situação social da República Velha precisava ser ultrapassada e, para tal, a aliança entre o Governo e a Igreja Católica foi retomada, quando oficializou o "ensino religioso nas escolas oficiais" (Saviani, 2011, p. 196), em princípios da década de trinta, reafirmando antigos embates. Dessa forma, após a implantação da República, ocorrida em 1889, no século seguinte, o ensino religioso foi retomado nas escolas, o que convinha, naquele momento, aos governantes. Tal cenário, quase impensável em fins do século XIX, servia muito bem a um crescente processo de industrialização, que necessitava cada vez mais de mão de obra escolarizada. As contradições prosseguiram, apesar de, aqui e ali, serem gradualmente combatidas por políticas públicas precárias que ecoam ainda hoje em salas de aula de todo o país.

Retomando o enunciado de Candido, merece destaque a expressão *fruição ultrarrestrita*. Numa compreensão mais ampla da palavra "fruição", pode-se constatar que, até os dias de hoje, provoca efeitos entre nós o livro de Roland Barthes intitulado *O prazer do texto* (Barthes, 1988). Nessa obra, o autor, marcado pela psicanálise lacaniana, afirma as diferenças entre o texto de prazer e o texto de fruição: "O prazer é dizível, a fruição não o é" (*ibidem*, p. 58). Pode-se afirmar que o texto de prazer é menos ou mais significativo do que o texto de fruição? Preferível duvidar, pois o texto de prazer, assim como o próprio prazer, nas palavras de Barthes (*ibidem*, p. 51),

> não é um elemento do texto, não é um resíduo ingênuo; não depende de uma lógica do entendimento e da sensação; é uma deriva, qualquer coisa que é simultaneamente revolucionária e associal e que não pode ser fixada por nenhuma coletividade, por nenhuma mentalidade, por nenhum idioleto. [...] Compreende-se facilmente por que é que o prazer do texto é escandaloso: não por ser imoral, mas por ser atópico.

Barthes reconhece o uso e a apropriação capitalista da obra de arte, inclusive a literária, daí o acento no indivíduo, no associal, pois, naquele momento, opta por dar relevância ao indivíduo como uma forma de resistir à homogeneização, que, nivelando pelo aniquilamento, embotaria singularidades. Sem estender essa discussão que terá outro lugar para aprofundamento, fiquemos com o que afirma esse autor, e que atualiza um convite a pensar os enunciados teóricos dialogando com o momento cultural e o lugar social para onde trazemos a reflexão: "O aborrecimento não está longe da fruição: é a fruição vista das margens do prazer" (*ibidem*, p. 64). Nesse viés de compreensão da ambivalência das denominações tão utilizadas, consideramos esforços vãos as tentativas de formar leitores com a expectativa dominante de prazer ou de fruição – estes não se excluem. Portanto, detemo-nos na formação de leitores que explora emoção e cognição, o sentir e o pensar em atos comunicativos cujo suporte pode ser o texto escrito ou não. No lugar social de professores, pensemos no exercício de nossos trabalhos em sala de aula. É relevante, nesta parte de nossa exposição, relembrar o que diz Robert Scholes (1991), em seu livro *Protocolos de leitura*: "Como professor de línguas e de literatura – ou, melhor, de textualidade – interessa-me o emprego possível de todas as teorias de comunicação" (Scholes, 1989, p. 78). Levar para a sala de aula a diversidade implícita na textualidade, investindo na experiência significativa, sem predeterminar qualidades, tanto negativas quanto positivas das experiências dos que leem, é um trabalho urgente para que essa experiência gere aprendizagens significativas, mobilizadoras de memórias e de imaginação.

Para promover tais experiências, tanto a escola quanto a biblioteca pública são decisivas, pois podem contribuir intensamente na geração de eventos de letramento. Em relação aos significados dos quais nos apropriamos para a elaboração deste trabalho, citamos o livro organizado por Angela Kleiman intitulado *Os significados do letramento*. No capítulo "Modelos de letramento e as práticas de alfabetização na escola", a autora considera que, hoje, pode-se definir o letramento como um "conjunto de práticas sociais que usam a escrita, como sistema simbólico e como tecnologia, em contextos específicos, para objetivos específicos" (Kleiman, 2008, p. 18-19).

Mas todo estudo é produzido com base em uma situação espacial e temporal, pois se estuda, se fala ou se escreve sempre de algum lugar e para alguém. Na história pessoal de cada professor pesquisador[1], fazemos escolhas, e elas não são poucas, apesar de quase invisíveis socialmente.

No exercício da docência na Faculdade de Formação de Professores da Uerj, situada no município de São Gonçalo, no estado do Rio de Janeiro, ao iniciarmos os trabalhos de pesquisa para conhecermos os modos como os sentidos são produzidos, circulam e são apropriados culturalmente, voltamo-nos para a compreensão das práticas leitoras e da circulação do material escrito, o que nos levou a pesquisar os periódicos que circulavam no município, desde a década de 1930. Com o projeto Literatura e Imprensa: Ecos da Tradição, conseguimos compor um arquivo de textos publicados no Jornal *O São Gonçalo*, resultado de pesquisa em equipe; já o projeto Memórias Textuais focalizou as leituras realizadas por trabalhadores no município. Os projetos foram concluídos em 2006 e 2009, respectivamente.

Em texto publicado no jornal citado em 22/4/1954, destacamos um (entre muitos) que permanece atual e pertinente, escrito por Elza Fontes Caravana, naquele momento presidente da Legião Feminina do PSB, que se valeu da coluna para publicar artigos ou crônicas relacionados à situação social, cultural e econômica do município. Uma das questões mais tratadas por essa

1. Este capítulo retoma resultados parciais e conclusivos de pesquisas realizadas de 1998 a 2009. Entre elas consta o projeto inicial Memórias Textuais: Leituras no Município de São Gonçalo, cujo objetivo foi o de identificar textos, autores e principais títulos de obras lidos por trabalhadores na localidade. Depois, ao longo do tempo e da realização da pesquisa, fomos ampliando os objetivos do projeto, focalizando a leitura de jovens, depois as leituras registradas em comunidades sociais na internet. O interesse pelo assunto surgiu em 1997, quando comecei a lecionar Literatura Brasileira na Faculdade de Formação de Professores da Uerj, em São Gonçalo. O projeto foi desenvolvido de 2000 a 2009, e contou com a participação decisiva de bolsistas de iniciação científica, com bolsas concedidas pela Uerj, pela Faperj e pelo CNPq: Daiana Kelli Romão Soares, Flávia Campos, Edilaine Vilar Kirk, Edimar Magalhães Pessôa (bolsista voluntária) e Rafaela Cardoso Corrêa. Como último desdobramento, com foco no espaço da cibercultura, sob o título "Modos de ler", o projeto contou com a participação de Gisele Oliveira Abreu e Gabriel da Matta, bolsistas de iniciação científica com bolsa da Uerj/SR2.

autora refere-se à realidade educacional, focalizada por ela ao indagar sobre a ausência de bibliotecas públicas no município.

Onde está a Biblioteca de São Gonçalo?

Reinou, meu caro leitor, no século III a.C., na cidade de Alexandria, um rei chamado Ptolomeu I, que foi o fundador da célebre Biblioteca de Alexandria, contando com 700.000 volumes de autores da época. E, já naquela época, em que a capacidade inventiva do homem não atingira a um grau elevado e a ciência ainda dormia, sem encontrar soluções para os graves problemas da vida humana, houve homens, vozes que se levantaram em prol da cultura e da educação do povo. E isto antes de Cristo, em pleno século III. E, hoje, meu caro leitor, qual é o nosso panorama cultural? Hoje, que estamos em pleno século XX, 20 séculos depois? Hoje que a capacidade inventiva do homem é grande, ao ponto de inventar bombas atômicas e outras calamidades, cujo fim é exterminar os seus semelhantes, pela ambição do poderio, onde está a cultura do povo? E por isso volvemos os olhos para os legisladores e procuramos os Ptolomeus da nossa geração.

É este assunto que nos faz abrir parênteses nos nossos comentários políticos e perguntar aos digníssimos senhores das últimas legislaturas, aos representantes do povo, os homens que perdem a sua liberdade civil, para agirem como membros da comunidade, quando eleitos, que é feito da Biblioteca da nossa cidade.

Existiu, sim, nos bons tempos, em que, talvez excepcionalmente, houve boa vontade e compreensão, uma que apesar de pequena, era grande na sua finalidade, era relevante porque completava, de modo geral, com bom resultado, a instrução daqueles que os meios não lhes favoreceram um preparo, e, por outro lado, aumentava o saber dos mais favorecidos.

Essa cegueira, que é o analfabetismo, é a chaga mais horripilante de um povo, pois é a origem de todos os males sociais, instrumento perigoso contra as instituições, e atrasa de séculos o progresso, a cultura das nações.

Sejamos conscientes, olhemos as gerações futuras e procuremos saber que destino deram a nossa biblioteca. Onde estão os livros que sabíamos aos milhares? Quem se apoderou ou alienou esse tesouro precioso do povo de São Gonçalo?

Com que palavras estes senhores representantes do povo poderão pedir o voto dos estudantes, dos homens de cultura e dos apreciadores da leitura? Que lhes dirão quando perguntarem pela Biblioteca? Ou será que ignoram o valor de tão grande estabelecimento? Será que desconhecem a riqueza que se encontra em cada página de um livro? Ignoram que a leitura é necessária a todos, aos sábios, aos inteligentes, aos medíocres e retardatários; que nós todos temos necessidade de dar vida à nossa inspiração de intensificar a nossa cultura, ampliando e transformando as nossas ideias primitivas. Temos muito que ler, precisamos da ficção para o enlevo de nossa alma, da filosofia para a solução das perguntas que nos acodem sobre a vida e os homens, da física, da química, etc. Precisamos de todos os livros porque não há no mundo mau livro que não tenha algo de proveitoso. Temos que ler para conhecermos tudo, porque conhecendo de tudo estaremos aptos para vencer essa ou aquela dificuldade, nesse ou naquele setor.

Mas, para tal, é necessário que tenhamos às mãos os livros, e eles são caros e poucas pessoas podem se dar ao luxo de ler um livro hoje em dia. E, por esse motivo, é que se criam e se organizam as bibliotecas, senhores representantes do povo. É para proporcionar aos estudantes pobres a sua instrução; é para estimular as vocações literárias, é para elevar a cultura dos seres humanos. Como ajuda às bibliotecas foi criado o Instituto Nacional do Livro, que contribui com os livros necessários.

Vamos, senhores da administração, vamos formar novamente a nossa biblioteca. Pedimos, apenas, um local para que ela possa funcionar. O resto o faremos com nossa boa vontade e esforço. Ela é duplamente necessária. O seu desaparecimento não fugiu à regra, foi um ato peculiar a esse regime de incompreensão que comanda o país, esse regime de abutres, de aproveitadores, de plutocratas, de verdadeiras nulidades. [...] haverá escolas, creches, maternidades e bibliotecas, tudo finalmente que seja para o bem do povo brasileiro.

No texto, transcrito quase integralmente, a autora afirma a necessidade da leitura para todos, alimento da inteligência e da sensibilidade, além de construir elos sociais pelo compartilhamento de significados e de valores. Num tom incisivo, recorre à história da criação das bibliotecas para questionar justamente a sua ausência no município, lugar onde a autora se posiciona para dirigir-se aos leitores. O texto de Elza Fontes Caravana apresenta um tom de propaganda política, de acordo com as funções do lugar político ocupado por sua autora, mas o que importa aqui enfatizar são os elos inequívocos destacados entre escola e biblioteca pública no processo de formação de leitores, em meados da década de 1950.

Ao nos determos aos documentos que direcionam a formação escolar, o ensino fundamental e médio representou, até o final da década de 1990 do século XX, limiares na formação do indivíduo para o mercado de trabalho e para a vida. Pelo menos no documento, há outro direcionamento. Nas palavras de Clarice Nunes (2002, p. 18), as Leis de Diretrizes e Bases (LDB) fortaleceram as bases legais do ensino médio brasileiro, assim como as mudanças curriculares do cotidiano das escolas. Entre os objetivos estéticos, políticos e éticos propostos pelas novas Leis de Diretrizes e Bases, assim como pelos Parâmetros Curriculares Nacionais (PCN), foi enfatizada a estética da sensibilidade, que pode criar formas de substituir a "[...] repetição e padronização hegemônica na era das revoluções industriais" (2002, p. 55). Enfatiza o documento que a estética da sensibilidade não se limita à instrução do indivíduo, mas sim para o prazer da vida, ao estimular a "[...] criatividade, o espírito inventivo, a curiosidade pelo inusitado, a afetividade, para facilitar a constituição de identidades capazes de suportar a inquietação, conviver com o incerto, o imprevisível e o diferente" (*ibidem*, p. 55-56). Se levássemos essas concepções para a formação de leitores, principalmente na escola, poderíamos nos encontrar frente a frente com homens e mulheres emancipados. Como afirma Jacques Rancière, em seu livro *O mestre ignorante*: "Essa é a única vantagem, a vantagem única da emancipação intelectual: cada cidadão é também um homem que realiza uma obra, com a pluma, com a purina ou qualquer outro instrumento" (Rancière, 2002, p. 150). Realizar uma obra pode resultar dessa emancipação intelectual que nos torna aptos a fazer escolhas, a assumi-las e a usá-las socialmente.

Focalizando nosso objetivo de pensar a leitura literária e a formação de leitores, pode-se indagar se a leitura de textos literários entra em choque com saberes internalizados de leitores dentro e fora do ambiente escolar, ao reivindicar um tempo maior de atenção do leitor e ao problematizar conhecimentos considerados imutáveis pelos sujeitos. Gradualmente, constatamos que a introdução à cultura escrita, tal como é trabalhada na instituição escolar, mostra-se ainda insuficiente para formar leitores, mesmo que tenham aprendido a ler e reconheçam a importância social da leitura. A "ultrarrestrita fruição", como assinalado por Antonio Candido, permanece como uma dificuldade a ser superada, pois assinala hiperbolicamente a restrição do que acontece para poucos. A fruição não é um objeto, mas uma experiência significativa para o sujeito que lê, fruição capaz de promover potência e mudanças positivas, daí a importância de seu acontecimento em ambientes de cultura e de escolarização.

Nem só de qualidades positivas alimentam-se os estudos sobre a leitura, como diz Regina Zilberman (2001). A autora, fundamentada em pesquisas sobre a formação de leitores e os seus usos sociais, avisa: ler pode transformar e transtornar leitores; reivindica tempo para gerar atos de compreensão e socialização. No entanto, a autora conclui que o esforço da escola é vital para a difusão da leitura literária. Precisamos *aprender a pensar pensamentos alheios*, tal como foi assinalado por Wolfgang Iser (1996) e Hans Robert Jauss (1979), dois nomes representativos da *virada* dos estudos teóricos da literatura *para a importância do leitor, não apenas o autor, nem apenas o texto.*

Nas últimas décadas, é comum lermos ou ouvirmos afirmações como "os brasileiros leem mais", constatação repetida desde a década de 1990. Sim, há mais livros, quantitativamente, mas não se lê melhor e os resultados dos exames nacionais e internacionais que avaliam a leitura demonstram esse fato, infelizmente.

Os fracos investimentos do Estado, em contraste com a força do mercado, reforçam as práticas massivas do que se pode denominar leitura extensiva – conforme nos diz Roger Chartier –, voltada para a diversidade de textos, mas não para o aperfeiçoamento dos modos de ler. Ainda com esse autor (Chartier, 1999a, 1999b, 2001), constatam-se as principais mudanças ocorridas na história da leitura: a leitura intensiva seria definida pelas práticas de um leitor que lê poucos livros e os insere na linha da tradição, internaliza saberes, repetindo-os; enquanto a leitura extensiva encaminha um contato maior com a diversidade de textos, sem conferir sacralidade ao que é lido, nem aos seus autores. Nas sociedades republicanas, é óbvia a importância da leitura extensiva na formação de leitores, pressupondo-se os vínculos entre conhecimento e exercício da cidadania; no entanto, há algo de valor no modo como a leitura intensiva marca a vida de leitores, mesmo que não se queira manter a sacralidade do que é lido. Numa certa visada crítica, da qual temos a percepção de sua fragilidade e força, sugerimos que há algo a se aprender com ambas as experiências de leituras: diversidade de textos e leituras significativas são indispensáveis na formação de leitores. Mais uma vez, a dicotomização – *ou isso ou aquilo* – não nos ajuda a prosseguir caminho.

Nas palavras de Magda Soares (2002), as leituras atualmente preferidas são aquelas que não problematizam o saber do leitor, não realizam o desafio implícito no processo de letramento e apagam os vínculos com as funções que atuam ativamente na formação de leitores. Cheguemos mais perto de nossas preferências e repúdios, de nossas escolhas, afinal.

OS DESAFIOS ATUAIS

Para o enfrentamento de tais questões, consideramos imprescindível, num primeiro momento, o preparo teórico, a leitura fundamentada de textos que nos orientem a compreender o lugar e as possibilidades de mediação do professor nesse cenário cultural contemporâneo.

Somando caminhos, destacamos os estudos valiosos da História Cultural, sendo Roger Chartier um de seus representantes, destacando a leitura de realidades sociais construídas (1999a, 1999b, 2001, 2002, 2004). Se a História Cultural se preocupa com o modo como uma realidade social é construída, pensada, dada a ler, a educação orienta o acesso aos bens culturais por meio da escola, principalmente, quando se aprende a mobilizar nossa inserção no universo amplo da cultura letrada e escrita. É importante a identificação das práticas sociais, reunindo esforços para a não cristalização também de práticas educadoras, quando nos vemos apegados a escolhas e preferências individuais, deixando de investir na qualidade de outras experiências significativas de leitura.

Um dos trabalhos ressignificados da escola e dos educadores, no século XXI, é o de criar condições para diminuir o abismo entre o processo de alfabetização e o de letramento, visando à conquista da cidadania. Formar leitores implica considerar o pensar uma atividade inseparável da existência, vivenciar a inquietação provocada pela leitura literária que pode levar ao aprendizado difícil do convívio com a incerteza, a busca pela verdade como construção capaz de conferir significados às experiências que atualizam o conceito de humanidade ou de humano. Leituras que transformam desdobram-se na vida, nas formas de conversação e de possibilidades de felicidade na interação entre sujeitos.

Segundo pesquisas recentes, temos mais gente alfabetizada no mundo, em termos numéricos absolutos e percentuais, mas a leitura permanece como algo a construir nas salas de aula e na vida. O *como ler* aperfeiçoa-se com a experiência do que é lido e do que ler – incluindo o difícil, o fácil, o diverso, o erudito e o popular, a heterogeneidade que nos constitui socialmente. Observa-se também uma gradual exclusão de textos e/ou gêneros literários, o que é artificialmente ocultado com uma propaganda agressiva veiculada pelo mercado que exibe uma cartela variada de gêneros, tipos de textos e títulos, enquanto se continua enfraquecido para fazer escolhas em cenários tão múltiplos. Tal variedade gera um ilusório aumento da circulação de textos, mas não necessariamente promove leituras. Não nos cansemos de perguntar: o que significam práticas de leitores emancipados em relação às escolhas: o que ler? Como ler? A formação escolar precisa assumir esse lugar e propor outras respostas, valendo-se talvez das palavras de Rancière sobre as "cinco lições sobre a emancipação intelectual" (2002).

Uma realização positiva promovida por algumas bibliotecas públicas que interfere qualitativamente no trabalho docente é uma crescente socialização de textos, a multiplicação de bibliotecas virtuais de "domínio público", iniciativas de formação de agentes de práticas de leitura que representam uma ação de sucesso nas formas de acesso aos bens culturais. As bibliotecas virtuais, por sua vez, tornam acessíveis acervos que podem ser consultados e lidos a qualquer hora, em qualquer lugar.

Um dos teóricos atentos a essa expansão de possibilidades de leitura é Pierre Lévy (1999, p. 17), que define:

> Ciberespaço (que também chamarei de rede) [como] o novo meio de comunicação que surge da interconexão mundial dos computadores. O termo especifica não apenas a infraestrutura material da comunicação digital, mas também o universo oceânico de informações que ela abriga, assim como os seres humanos que navegam e alimentam esse universo. Quanto ao neologismo "cibercultura", especifica aqui o conjunto de técnicas (materiais e intelectuais), de práticas, de atitudes, de modos de pensamento e de valores que se desenvolvem juntamente com o crescimento do ciberespaço.

Propomos um diálogo entre Pierre Lévy e Roger Chartier, a partir dessas considerações, ao lembrar do que afirma este último, entre as ambições da biblioteca do futuro, em *Os desafios da escrita* (2002, p. 121):

> Em um mundo em que a leitura se identificou com uma relação pessoal, íntima, privada com o livro, as bibliotecas (paradoxalmente talvez, já que foram elas as primeiras, na época medieval, a exigir o silêncio dos leitores...) devem multiplicar as ocasiões e as formas de tomar a palavra ao redor do patrimônio escrito e da criação intelectual e estética. Nesse ponto, elas podem contribuir para a construção de um espaço público extenso na escala da humanidade (Chartier, 2002, p. 121).

Implícito está o desafio feito a todos os educadores, a todos os dirigentes que podem construir e fortalecer bibliotecas já existentes. Há, portanto, nessa afirmação, elos sutis que nos remetem às práticas de leitura extensiva e de leitura intensiva. Na tentativa de sair do campo de antagonismos e exclusões, considerando que na tradição há o que se ensinar e também o que se aprender, podem-se aproveitar as qualidades e os usos que não são de fruição ultrarrestrita nem de sacralização de sentidos.

OUTROS MODOS DE CONSTRUIR SOCIABILIDADE

É preciso fazer que o universo conspire a nosso favor, como sujeitos históricos e educadores, o que não implica abandonar o espaço cotidiano marcado pelas relações presenciais. Trata-se, neste momento, de nos perguntarmos se a cibercultura propõe novos elementos para as práticas de leitura, ampliando no tempo e no espaço as funções da escola. Buscamos, então, numa pesquisa realizada anteriormente (Projeto Modos de Ler), conhecer as leituras realizadas por leitores, jovens ou adultos, com ênfase nos gêneros conto, novela e romance, no ambiente do ciberespaço e da cibercultura (Lévy, 1999). Partimos de uma hipótese investigativa inicial que considera predominante a influência da mídia em relação à escola nas escolhas do que ler, por exemplo. Tentou-se, então, identificar se, em tais ambientes, permanecem marcas do repertório de leituras sugeridas pelo cânone escolar. Trata-se aqui de compreender a escola como instituição educacional inserida numa rede de sociabilidades e não dela excluída, atentos à formação do leitor nos momentos iniciais de sua escolaridade, isto é, nos ensinos fundamental e médio, principalmente.

Ao nos determos nas comunidades em redes sociais que discutem livros e autores de literatura, despertou nossa atenção a referência a títulos e autores recentes, assim como aqueles pouco reconhecidos, o que problematiza nosso mosaico de questões. Wolfgang Iser, em seu *Ato de leitura* (1996), afirma que significado e obra transitam entre o polo artístico (o texto) e o polo estético (o leitor, a leitura), e as escolhas podem iluminar essa dinâmica relação. É necessário observar as situações nas quais se concretizam, o modo como se pode socializar a leitura nesse ambiente em rede, ainda pouco explorado na formação de leitores.

Neste mundo em que as diferenças – sociais, étnicas, sexuais, religiosas, econômicas etc. – abalam as linhas da tradição, porque os homens "por excelência são os membros da tribo" (Lévy, 1999, p. 248), destaca-se o valor da tese defendida pelo autor em *Cibercultura: o conceito de universal sem totalidade* (*ibidem*, p. 247). É difícil conviver numa sociedade que se diz democrática, mas não investe o suficiente em educação, saúde, moradia, transporte, entre outras questões. A multiplicidade de contextos nos quais vivemos, às vezes num mesmo dia, é desafiadora e requisita escolhas, atitudes, de curta ou longa duração. Temos pouco ou nenhum espaço para a transcendência, também mencionada quando se fala em leitura. A transcendência não é privilégio da experiência religiosa, também é propiciadora a experiência da arte. Estamos acostumados a pensar que a atividade científica "dirige-se a todos por intermédio de um sujeito transcendental do conhecimento, do qual participa cada um dos membros da comunidade" (*ibidem*, p. 247), e, para estabelecer relações com nossas crenças, reúne pela transcendência.

O ciberespaço, por sua vez, é o lugar em que se concretiza a "presença do humano frente a si mesmo", emprega uma tecnologia real, imanente, palpável (*ibidem*, p. 247). O espectro da sacralidade dada a textos e autores pode ser relativizado, até ultrapassado, pela diversidade que marca as comunidades, pela afirmação do *humano frente a si mesmo*. A totalidade, para Lévy, é a "unidade estabilizada do sentido de uma diversidade", é um "fechamento semântico abrangente" (*ibidem*), o que nos leva a refletir sobre as relações entre o particular e o universal, de outro prisma. A unidade estabilizada do sentido e seu fechamento semântico abrangente levam-nos a virar pelo avesso algumas de nossas ideias e preconceitos, questionando previsões de "fim do livro", "fim da leitura", fim de... A leitura intensiva e a leitura extensiva podem, enfim, acontecer e mesclar-se, cada uma com sua potência, de forma positiva, ao destacarem os valores que permanecem como tal ou são atualizados em nossas práticas culturais. Se a leitura intensiva também está relacionada à transcendência, a leitura extensiva liga-se à diversidade, aos múltiplos centros (autores, formas, contextos etc.), assim como rever certezas instituídas.

Vive-se num momento em que as diferenças já citadas – sociais, étnicas, sexuais, religiosas, econômicas etc. – podem unir e/ou separar, ao mesmo tempo que se vive o aparentemente novo na diversidade dos usos de instrumentos da democracia, revivendo as linhas da tradição, porque os homens "por excelência são os membros da tribo" (*ibidem*, p. 248). Sem que defendamos o predomínio da tradição, como construir elos sociais em cenários tão vastos e complexos por sua multiplicidade? Se formos, por excelência, *membros da tribo*, numa linha interpretativa que valoriza a identificação de indivíduos entre si, destaca-se o valor do que é defendido pelo autor em *Cibercultura: o conceito de universal sem totalidade* (*ibidem*, p. 247). Caso admitamos que a atividade científica "dirige-se a todos por intermédio de um sujeito transcendental do conhecimento, do qual participa cada um dos membros da comunidade" (*ibidem*, p. 247), e a religião, para estabelecer relações com crenças, reúne pela transcendência; o ciberespaço é o lugar em que se concretiza a presença do humano, ao empregar uma tecnologia real, imanente e palpável (*ibidem*). A totalidade, para Lévy, é a "unidade estabilizada do sentido de uma diversidade", é um "fechamento semântico abrangente" (*ibidem*), sugerindo a complexidade de caminhos tão paradoxais e desafiadores em relação às nossas certezas. A unidade estabilizada do sentido e seu fechamento semântico abrangente levam-nos a virar pelo avesso as ideias e os preconceitos em relação ao uso de computadores e da internet, questionar previsões de "fim do livro", "fim da leitura", fim de... A leitura intensiva e a leitura extensiva podem, enfim, mesclar-se de forma positiva, destacando os valores que permanecem como tal ou são atualizados em nossas práticas culturais.

Numa tentativa de filtrar os excessos de informação, problema a enfrentar no ambiente do ciberespaço, pois há comunidade de discussão para todo e qualquer gosto (não é assim o mundo, ruidoso e vário?), a reunião de grupos de leitores dá-se pelo foco, pela interação; a própria ideia de concordância não é a principal meta nesse meio, mas sim a discussão. Esta é o ato que agrega leitores e sujeitos que pensam e agem, seguem condutas, atitudes e modos de discernimento diferenciados, voltados para a problematização, no caso, a leitura de um romance ou outro texto específico. Esse gesto, por sua vez, aproxima aqueles que, talvez, jamais se encontrassem ou se falassem, fazendo que o improvável deslize a partir dos sentidos produzidos pelos que interagem; estamos diante, então, de um *fechamento semântico abrangente*, que pode ser retomado a qualquer momento, sem que se torne uma unidade fixa de sentidos previamente dados.

Não é possível associar os elementos e sujeitos desse cenário ao dialogismo e à polifonia, tal como a pensou Mikhail Bakhtin? A polifonia pode emergir de processos heterogêneos no lugar e no tempo. Promover conversas, falas, pensares, agregar movimentos de leitores em torno de perguntas, sem a pretensão de se chegar à concordância como um ponto-final de consenso e culminância, é um modo rico de se promover processos polifônicos e gerar novas questões. Estamos, então, não apenas no campo do uso de novas tecnologias e meios, mas também no campo das subjetividades.

Nas palavras de Solange Jobim Souza (2005, p. 43), estudiosa que retoma, com êxito, as palavras de Bakhtin, é preciso "pautar a polifonia não só na linguagem, mas na subjetividade, sem pretensão universalista, mas com predisposição à singularidade e à finitude". A polifonia, tão importante nos estudos de Bakhtin, não estaria em uso e em foco no modo de discussão das comunidades em rede?

Retomando o que diz Lévy (1999, p. 17), a "cibercultura" abrange

> [...] não apenas a infraestrutura material da comunicação digital, mas também o universo oceânico de informações que ela abriga, assim como os seres humanos que navegam e alimentam esse universo. Quanto ao neologismo "cibercultura", especifica aqui o conjunto de técnicas (materiais e intelectuais), de práticas, de atitudes, de modos de pensamento e de valores que se desenvolvem juntamente com o crescimento do ciberespaço.

Perguntamo-nos, então, pela multiplicidade de valores e fatores que atravessam as práticas de leitura, importantes para se combater as várias condições de infelicidade, a discriminação social, sexual e racial, as várias formas de exclusão e de violência que ocorrem no campo empírico e rapidamente se espalham por toda a parte. Tal digressão, mesmo breve, diz respeito, hoje, à importância da leitura literária num processo civilizador ainda em processo, no qual a instituição escolar é decisiva, apesar de todas as limitações impostas e das crescentes adversidades. A escola continua sendo um potente lugar formador de cidadãos.

Consideramos, na nossa pesquisa, que a cibercultura pode funcionar a nosso favor como ampliação de lugares possíveis de conversação, de acesso a textos, de troca de informações e de reflexão. Nas comunidades em rede, retomamos alguns registros de títulos de uma das comunidades criadas com a finalidade de discutir, comentar, divulgar autores e obras da literatura contemporânea: http://www.orkut.com.br/Community.aspx?cmm=5910132. A escolha de determinada comunidade deveu-se não a uma avaliação qualitativa das intervenções ou quantitativa em relação ao acesso, entre as várias comunidades investigadas, mas sim à atenção voltada para a literatura contemporânea. Portanto, muitas vezes, para se conhecer ou ler literatura contemporânea, é preciso ser um(a) leitor(a) formado(a), capaz de escolher textos que o(a) desafiam e inquietam, o que é uma marca dessa literatura.

A referida comunidade de discussão, criada em 21/10/2005, contava com o registro de participação de 351 membros, com apenas um tópico: "Que livro contemporâneo vc recomenda?" (sic). Com base nas respostas, selecionamos alguns dos títulos de livros em prosa citados, contos, novelas e romances. São eles: *Canto dos malditos*, de Austregésilo Carrano Bueno (o texto autobiográfico teve sua versão para o cinema na película *Bicho de sete cabeças*); *O mistério da casa verde*, de Moacyr Scliar; *Os lados do círculo*, de Amílcar Bettega; *Dois irmãos*, de Milton Hatoum; *O risco do bordado*, *Sinos da agonia* e *Ópera dos mortos*, todos de Autran Dourado; *Matar um homem*, de Ricardo Medeiros Ramos; *Inferno*, de Patrícia Melo; *Joana a contragosto* e *O azul do filho morto*, ambos de Marcelo Mirisola; *Sombras de reis barbudos*, de José J. Veiga; *As horas podres*, de Jerônimo Teixeira.

Entre os autores, identificam-se aqueles consagrados pela crítica e pelo público, também presentes no currículo escolar – Moacyr Scliar, Autran Dourado e José J. Veiga –, e aqueles mais recentemente reconhecidos pela crítica e que conquistaram leitores, como Milton Hatoum, Patrícia Melo, Amílcar Bettega e Marcelo Mirisola. Entre as obras de escritores quase desconhecidos em algumas regiões como autores de literatura, encontra-se a indicação de *As horas podres*, novela publicada pela Bertrand

Brasil, em 2007, de autoria de Jerônimo Teixeira, que é também crítico literário.

Tais referências constroem um elenco ou repertório de obras consagradas ou em processo de consagração. Temos livros de Autran Dourado, Moacyr Scliar e José J. Veiga, autores lidos, com alguma probabilidade, pela difusão do cânone escolar. Entre os membros de uma comunidade, identificamos elos com uma tradição escolar de leitura, o que não deixa de ser uma constatação positiva. Também destacamos a importância de o foco da pergunta agregadora ser a literatura contemporânea, que se pode definir pelo critério cronológico ou por algumas de suas qualidades: desconstrução do enredo e da linguagem, desafiadores desdobramentos temáticos, problematização aguda da percepção de tempo e espaço, entre outros. Neste momento, podemos indagar sobre a generalização da sentença de que, hoje, os leitores não querem desafios nem instabilidade de sentidos. Como qualquer generalização, corre-se o risco também de estender o que julgamos pertinente interpretar com base em uma comunidade em rede para todos os leitores, em qualquer contexto. Não é o caso. Não buscamos generalizações, mas sim evidenciar um percurso, identificar as pedras e os atalhos, as sombras de caminhos que podem ser áridos e mais complexos do que esperávamos um dia.

CONCLUSÕES POSSÍVEIS

Em artigos sobre leituras e processos de formação de leitor, retomamos a afirmação de que "as leituras preferidas, atualmente, são aquelas que *não problematizam o saber do leitor*" (Soares, 2002, grifo nosso). Tal ausência de problematização do saber do leitor pode corresponder ao vazio deixado por funções da literatura, tais como aquelas consagradas desde o século XIX, quando se pretendia encontrar respostas estáveis aos vários questionamentos emergentes. Essa é uma das formas de se pensar, de modo ampliado e dialético, a função do saber enciclopédico tão marcante, até hoje, na literatura.

Desde inícios do século XX, a literatura, de certo modo, dissemina rasuras e não certezas irrefutáveis, problematiza ou refuta expectativas de leitores, assim como a ideia de uma literatura como reprodução do real. Cada vez mais desafia o saber do leitor, no uso da linguagem e no uso do gênero que abole os limites entre prosa e poesia, na forma (a pulverização do enredo, os múltiplos pontos de vista de narradores, a desestabilização de expectativas dos leitores, entre outros), na desconstrução de temas naturalizados culturalmente, o que implica desafiar, também pela contrariedade, o leitor que busca entretenimento e distração. No entanto, os leitores são vários e podem procurar o que quiserem; cabe aos autores literários atender ou não, responder ou provocar, o que leva a escolhas difíceis e valiosas.

Neste trabalho, defendemos a premissa de que nós, professores, somos autores em salas de aulas; assinamos nossas escolhas e definimos o que ler, como ler, quando ler. É necessário, talvez, acreditar mais na potência desse lugar, ocupar-nos, afinal, com essa possibilidade de inscrever outros modos de ver e ler o antigo, o novo, o difícil e o fácil, o entretenimento e a problematização.

No âmbito deste estudo, é significativa a multiplicação das formas de acesso e usos do material escrito, principalmente livros, num contexto de formação educacional. É notória a importância da diversificação de gêneros e de acesso ao material de leitura na cultura escrita. No entanto, por mais estranho que possa parecer, a comunicação em rede, como se constata facilmente, vem enfatizando a comunicação oral, o que é outro desafio, que registramos com satisfação. Constatamos a presença positiva e crescente da socialização de textos, de acesso às bibliotecas virtuais de "domínio público", promovido por iniciativas governamentais. Mas é preciso que elas existam e não estejam confinadas em lugares ultrarrestritos, que funcionem como "vitrines" de instituições modelares.

Dos objetivos iniciais, a pergunta sobre as leituras e os modos de sociabilidade desdobra-se: a leitura literária propicia a construção de elos sociais? Ao nos voltarmos para a leitura, em ambiente de rede ou no ciberespaço, consideramos *um* dos caminhos possíveis e legítimos para promover a leitura, tendo como ponto de partida comunidades na internet em torno de autores, livros específicos ou gêneros como o romance policial, um dos preferidos pelos leitores jovens. Mas continua sendo imprescindível que a escola forme leitores, e para isso precisamos fortalecê-la.

Acreditamos que a interação entre leitores e a interação entre leitores e textos lidos (romance, novela ou conto literário), registradas em sites especializados, sejam importantes, hoje, para os estudos sobre a leitura e a circulação de textos literários, talvez como tenha ocorrido com seções de jornais intituladas "Cartas dos leitores", em que se discutiam algum tema polêmico da atualidade, tornando visíveis acontecimentos e práticas que fazem parte de nossa vida cultural.

Entre nossas conclusões, destaca-se a necessidade de se construírem intervenções compartilhadas – instituições educacionais, universidades ou escolas; sujeitos alunos de graduação e do ensino médio e fundamental, por exemplo –, possibilitadas por eventos de parceria e ações direcionadas *a* e *com os* grupos sociais, moldando objetivos específicos voltados para a formação de leitores.

Nas comunidades virtuais, o importante não é o registro de preferências individuais, mas o registro de processos de interação, tentativas de ouvir/ler o outro a partir de escolhas, e, como vimos, nessas escolhas, a escola ainda atua, apesar de tantos prognósticos difíceis. Discutir sobre leituras feitas, sobre textos lidos, poemas escritos pode ser um bom começo para criar interesses em comum.

A construção de uma memória de textos e leituras, tanto individual quanto social, está relacionada à investigação do processo de apropriação que singulariza a leitura literária como experiência emocional e cognitiva, possibilita o compartilhamento compreensivo de enunciados literários, nem falsos nem verdadeiros, que podem dizer outra coisa, ao solicitar arestas avaliadoras, modos de ler, pensar e agir criticamente.

Construir caminhos que levem a futuros possíveis, não aqueles ironizados por Terry Eagleton, que diz: "O futuro seria, simplesmente, o presente indefinidamente repetido – ou, como destacaram os pós-modernistas, 'o presente *plus* opções'" (Eagleton, 2005, p. 20).

Não se trata simplesmente de promover círculos de discussão no ambiente de leitura em rede, mas sim do modo como podemos "reconstituir ao redor do livro as sociabilidades que perdemos" (Chartier, 2002, p. 121); ampliar e (re)conhecer os lugares de socialização da leitura, observar e intervir quando, onde e como se pode promover a leitura, atentos às mudanças nos modos de ler os gêneros literários e não literários e suas relações. Os saraus de antigamente não podem voltar, e nem sabemos se os queremos de volta; não há lugar para nostalgia nesse modo de ver a leitura. O que perdemos pode ser o futuro que ficou por fazer. É uma possibilidade.

NOTA

O projeto Literatura e Imprensa: Ecos da Tradição teve a valiosa participação de bolsistas de iniciação científica/Faperj: Sandra de Magalhães Gonçalves e Alexsandra Ferreira da Silva. Em fins de 1999, começamos a trabalhar com os textos literários publicados na coluna "Feira de novidades" do Jornal *O São Gonçalo*, cuja primeira edição ocorreu em 1930. Encontrando-se incompleto o acervo da Biblioteca Nacional, buscamos antigos exemplares em acervos de instituições no município. Entre os objetivos do projeto, apresentado à Faperj para obtenção de bolsa de Iniciação Científica, encontravam-se os de reunir os textos publicados nessa coluna e que apresentavam ao leitor uma seleção variada de gêneros textuais (soneto, crônica, poema livre, comentário etc.), e com uma imagem de literatura vinculada à editoria do jornal, responsável pela seleção de textos. Muitos desses textos foram escritos por moradores "ilustres" do município e outros, transcritos de obras de autores canônicos, reconhecidos em âmbito nacional. Em termos de metodologias e procedimentos, ao procurarmos o acervo de jornais, só nos foi possível encontrá-lo na seção de periódicos da Biblioteca Nacional, reunidos a partir de 11/1/1948, portanto, mais de uma década após seu surgimento. O acervo encontrava-se no formato papel (nem todos os volumes do acervo haviam sido tratados e copiados; o tratamento de texto em papel para texto em imagem estava sendo feito por técnicos). A orientação dada às bolsistas que trabalharam na transcrição desses textos foi a de manter a grafia, além de informar sobre a disposição do texto na página do jornal. O material do acervo, bastante irregular, era reunido em lotes e nem todas as edições o compunham.

REFERÊNCIAS

Abreu, M. (org.). *Leitura, história e história da leitura.* Campinas: Mercado de Letras; ALB; Fapesp, 1999.

Barthes, R. *O prazer do texto.* Trad. Maria Margarida Barahona. Lisboa: Edições 70, s/d.

Bakhtin, M. M. *Cultura popular na idade média e no renascimento: o contexto de François Rabelais.* São Paulo: Hucitec, 2010.

______. *Estética da criação verbal.* São Paulo: Martins Fontes, 2010.

Bakhtin, M. M.; Volochinov, V. *Marxismo e filosofia da linguagem.* São Paulo: Hucitec, 2010.

Brait, B. (org.). *Bakhtin: dialogismo e polifonia.* São Paulo: Contexto, 2008.

Britto, L. P. L. "Literatura: conhecimento e compromisso com a liberdade". *Revista Leitura: Teoria & Prática*, Associação de Leitura do Brasil/ Global, ano 27, n. 53, Campinas, 2009, p. 17-23.

Calvino, I. *Seis propostas para o próximo milênio.* São Paulo: Cia. das Letras, 1995.

CANDIDO, A. "A Revolução de 30 e a cultura". In: ______. *A educação pela noite & outros ensaios*. São Paulo: Ática, 1989, p. 181-98.

CARAVANA, E. F. "Onde está a biblioteca de São Gonçalo?". *Jornal O São Gonçalo*, São Gonçalo, Rio de Janeiro, 22 abr. 1954.

CHARTIER, R. *A aventura do livro: do leitor ao navegador*. São Paulo: Ed. Unesp; Imprensa Oficial do Estado, 1999a.

______. *A ordem dos livros: leitores, autores e bibliotecas na Europa entre os séculos XIV e XVII*. Brasília: Ed. Univ. de Brasília, 1999b.

______. *Cultura escrita, literatura e história*. Porto Alegre: Artmed, 2001.

______. *Os desafios da escrita*. Trad. Fulvia M. L. Moretto. São Paulo: Ed. Unesp, 2002.

______. *Leituras e leitores na França do Antigo Regime*. São Paulo: Ed. Unesp, 2004.

EAGLETON, T. *Depois da teoria: um olhar sobre os Estudos Culturais e o pós-modernismo*. Trad. Maria Lúcia Oliveira. Rio de Janeiro: Civilização Brasileira, 2005.

FERREIRA, N. S. de A. *A pesquisa sobre leitura no Brasil: 1980-1995*. Campinas: Komedi; Arte Escrita, 2001.

FISCHER, S. R. *História da leitura*. Trad. Claudia Freire. São Paulo: Ed. Unesp, 2006.

HILST, H. *Amavisse. Via espessa. Via vazia*. São Paulo: Massao Ohno Ed., 1989.

ISER, W. *O ato da leitura. Uma teoria do efeito estético*, v. 1. Trad. Johannes Kretschmer. São Paulo: Ed. 34, 1996.

______. *O ato de leitura*, v. 2. Trad. Johannes Kretschmer. São Paulo: Ed. 34, 1999.

JAUSS, H. R. "A estética da recepção: colocações gerais". In: LIMA, L. C. (coord.). *A literatura e o leitor: textos da estética da recepção*. Rio de Janeiro: Paz e Terra, 1979, p. 67-84.

KLEIMAN, A. B. (org.). *Os significados do letramento: uma nova perspectiva sobre a prática social da escrita*. Campinas: Mercado de Letras, 2008.

LAJOLO, M. "Oralidade: um passaporte para a cidadania literária brasileira". In: GUIMARÃES, E.; ORLANDI, E. P. (orgs.). *Língua e cidadania: o português no Brasil*. Campinas: Pontes, 1996, p. 107-23.

LEITE, M. M. (org.). *A condição feminina no Rio de Janeiro: século XIX*. São Paulo, Brasília: Hucitec; INL, 1984.

LÉVY, P. *Cibercultura: o conceito universal sem totalidade*. Trad. Carlos Irineu da Costa. São Paulo: Ed. 34, 1999.

NUNES, C. *Ensino médio*. Rio de Janeiro: DP&A, 2002.

Nunes, J. H. "Constituição do cidadão brasileiro: discursividade da moral em relatos de viajantes e missionários". In: Guimarães, E.; Orlandi, E. P. (orgs.). *Língua e cidadania: o português no Brasil.* Campinas: Pontes, 1996, p. 19-30.

Paiva, A.; Martins, A.; Paulino, G.; Versiani, Z. (orgs.). *Literatura e letramento: espaços, suportes e interfaces. O jogo do livro.* Belo Horizonte: Autêntica; Ceale; UFMG, 2003.

Quelhas, I. "Rios cifrados na rua: leituras de trabalhadores em São Gonçalo". In: *Revista Soletras*, ano 8, n. 16, São Gonçalo, Rio de Janeiro, jul.-dez. 2008. Edição Suplemento: Linguagens, identidades, ensino – modos de pensar, modos de fazer, p. 12-39. Disponível em: <http://www.filologia.org.br/soletras/16sup/linguagens>. Acesso em: 8 set. 2014.

Rancière, J. *O mestre ignorante: cinco lições sobre a emancipação intelectual.* Belo Horizonte: Autêntica, 2002.

Saviani, D. *História das ideias pedagógicas no Brasil.* Campinas: Autores Associados, 2011.

Scholes, R. *Protocolos de leitura.* Trad. Lígia Gutterres. Lisboa: Edições 70, 1991.

Soares, M. *Letramento: um tema em três gêneros.* Belo Horizonte: Autêntica, 2002.

Souza, S. J. (org.). *Subjetividade em questão: a infância como crítica da cultura.* Rio de Janeiro: 7Letras, 2005.

Zilberman, R. *Fim do livro, fim dos leitores?* São Paulo: Ed. Senac, 2001.

3 Literatura na universidade: dos conceitos pedagógicos à fruição literária

Glaucia Guimarães
Maria Cristina Ribas

INTRODUÇÃO

Há diversas condições sociais e históricas que participam da formação de leitores no Brasil. Uma delas diz respeito à formação de professores. Em pesquisa recente – "Retratos da Leitura no Brasil" do Instituto Pró-Livro (2012) –, uma das conclusões é que, pela primeira vez, são os professores que mais influenciam os leitores (considerados pessoas que leram ao menos um livro nos três meses precedentes ao questionário da pesquisa).

Esse dado avigora a importância da formação de professores como mediadores nas práticas de leitura e, mais especificamente, das disciplinas relacionadas à leitura nos cursos de Pedagogia e Licenciatura, como é o caso daquelas que focalizamos neste estudo: Literatura Infantojuvenil, Teoria Literária, e Estágio Supervisionado de Ensino de Literatura e Língua Portuguesa, complementadas nos projetos de Iniciação Científica e Iniciação à Docência.

Nesse contexto, este artigo discute parte das propostas mais comuns de "ensino" de literatura na escola e na universidade, além de trazer à cena algumas condições contemporâneas da produção e da leitura de textos e o novo espaço da Biblioteca CEHD Infantojuvenil, como um meio de sustentar um trabalho diferenciado com literatura na formação de professores, designadamente na Faculdade de Formação de Professores (FFP) da Uerj.

DA FORMA HEGEMONICA DE "ENSINAR" LITERATURA: A RECONTEXTUALIZAÇÃO DOS TEXTOS LITERÁRIOS NA DISCIPLINA

> Qualquer ideia de que o estudo da Literatura é o estudo de uma entidade estável e bem definida, tal como a entomologia é o estudo dos insetos, pode ser abandonada como uma quimera.
>
> (Eagleton, 1997, p. 15)

Parafraseando Mário Quintana (1987, p. 29), nunca é demais repetir que aprender literatura unicamente pelos movimentos literários ou seguindo apenas prescrições pedagógicas é tão absurdo como aprender a dançar por correspondência. Aprende-se literatura lendo e fazendo literatura; possibilita-se o escrever "escrevendo", da mesma forma que se aprende a dançar bailando[1]. A formação do leitor é contínua, constitui-se de ações que se desenvolvem "em gerúndio".

Mas, ainda hoje, os cursos de literatura na formação de professores tendem a desenvolver ementas e programas cujo principal objetivo é o de apresentar conceitos e concepções da literatura e suas "aplicações" na escola, abordando recorrentes indicações pedagógicas sobre como introduzir crianças e jovens na leitura literária. Tal constatação não pretende culpabilizar docentes ou discentes, por reconhecer, entre outras ações, o esforço dos professores no sentido de trabalhar leitura e literatura dentro das condições do sistema educacional brasileiro. O objetivo, aqui, é trazer discussões e compartilhar procedimentos que possam, via de mão dupla, contribuir para o ensino e a formação nas áreas em foco.

Retomando, então, a questão das práticas majoritárias vigentes para o ensino da leitura/literatura – quase um manual de

1. A paráfrase é feita em referência à citação de Quintana (1987, p. 29): "Nunca é demais repetir que aprender português unicamente pela gramática é tão absurdo como aprender a dançar por correspondência. Aprende-se a escrever lendo, da mesma forma que se aprende a dançar bailando".

conceitos e respectivas aplicações –, é possível verificar a materialidade dessa assertiva nos programas e nas ementas disponíveis na web. Grande parte deles tem reproduzido esse modelo, em detrimento de análise, discussão, leitura compartilhada e produção de literatura para infância e adolescência.

Antes de seguir a exposição, faz-se necessária uma breve explicação de ordem teórico-metodológica: trata-se do procedimento aqui em xeque, ou seja, a prática usual de "repetir conceitos" para aplicação *a posteriori*. Ora, conceituar é sempre um risco, a partir do momento em que recorta, repete, enquadra, reduz. No âmbito da pesquisa, sabe-se, entretanto, que conceituar é um procedimento necessário, que faz parte do processo crítico e analítico. A questão é reconhecer a matriz ideológica, a constituição teórica do conceito e o seu raio de alcance. Importante, também, revalidar – e não apenas excluir – o lugar do senso comum e da linguagem cotidiana quando produzidos ao sabor da experiência (entre outros itens, o que o docente experiencia na sua lida diária é importante contribuição).

Ao compreender, portanto, a gênese dos conceitos com que se opera, serão evitadas generalizações apressadas, deduções meramente subjetivas, aplicações repetidas para contextos diferenciados, o que promoveria "pré-conceitos", estigmas, enfim, "conceitos-fetiche" (Eco, 2004; Gusmão, 2012) que são, na verdade, juízos de valor; em seu lugar, serão trabalhadas a riqueza e a complexidade das variáveis conceituais em seus múltiplos contextos. Após essas considerações, fica mais clara a importância dada à questão conceitual no âmbito do presente estudo.

Seguindo a exposição, três das características mais comuns dos programas mencionados remetem-nos, conforme o modelo usual, à redução da literatura aos conceitos e às recomendações pedagógicas, tais como: os "conteúdos" relacionados nas ementas; os objetivos da disciplina; a abordagem metodológica e a bibliografia básica indicada.

Com relação às ementas, é comum observar elementos do tipo: "conceito de literatura na escola"; "o papel da escola na formação do leitor"; "o ensino da literatura para o público infantil e juvenil nas escolas"; "literatura na escola: propostas para o ensino fundamental"; "métodos, técnicas e obras adequados para o estudo da literatura no ensino fundamental e médio"; "critérios de seleção de textos, procedimentos metodológicos e sugestões de atividades pedagógicas"; "papel do professor como animador de leitura"; "a questão dos livros paradidáticos e da leitura"; "a importância da literatura infantil na formação do leitor mirim"; "literatura infantil e escola"; "literatura juvenil e formação do leitor"; entre outros que, invariavelmente, remetem à pedagogização da literatura infantil, caracterizando-a como um instrumento e seus textos como pretexto para ensinar/formar.

Não obstante, os objetivos mais frequentes também tendem a insistir no equívoco de um conceito de leitura restrito à mera decodificação de sinais gráficos, de significados estabilizados ou, ainda, que teima em atribuir ao leitor o encargo de decifrar as intenções do autor (Mariani, 2002). Esse procedimento difere do *modus operandi* aqui proposto, pois, além de deslocar a relação produção e leitura da literatura infantil de sua prática social, não corresponde à concepção discursivista com a qual operamos. Do mencionado modelo que pomos em xeque, resultam, entre outros, aqueles análogos às formulações destacadas a seguir:

- Diferenciar fonemas e letras para conseguir ler um texto integral.
- Reconhecer os principais representantes das escolas literárias e respectivas características presentes nos textos de cada período.
- Levantar características imanentes à literatura infantojuvenil.
- Distinguir textos literários e não literários a partir de marcas presentes nas obras lidas.

Encontram-se, também, outras propostas menos tradicionalistas. Por exemplo:

- Identificar a literatura infantojuvenil como agente de formação no diálogo leitor/texto que deve ser estimulado pela escola.
- Subsidiar teoricamente os futuros professores para o trabalho com a literatura.
- Reconhecer o importante papel da literatura infantojuvenil na formação do ser e na conquista do leitor.
- Possibilitar ao aluno subsídios para realizar pesquisas sobre a relação entre literatura para crianças e jovens na escola do ensino básico.
- Discutir as implicações didáticas no texto de literatura infantojuvenil.
- Ampliar a competência textual dos educadores no que se refere ao trabalho com a literatura infantil e juvenil produzida em língua portuguesa, bem como instrumentalizá-los para a leitura e o ensino desse gênero, seja no seu aspecto estético, seja na abordagem de questões ideológicas.

Com relação à abordagem metodológica adotada, ressalva-se que, em apenas um dos 35 programas e ementas coletados na web, é indicada a "leitura e análise das obras infantis"; na maioria das propostas, porém, não há sugestões de livros e, quando há, sempre são listadas obras canônicas ou aquelas que já estão "dissecadas" em livros didáticos e outros estudos adotados – como se coubesse ao docente oferecer lanches já mastigados e processados para rápida e fácil digestão.

Importante mencionar ainda que a bibliografia recomendada nesses mesmos programas também parece ressaltar a perspectiva instrumental, retratando a literatura em geral e, em especial, a infantojuvenil como recurso para ensinar, enfim, reduzindo o objeto literário a mero instrumental. Alguns títulos, mesmo que reflitam criticamente sobre o objeto focalizado, podem reforçar a referida perspectiva: "Como usar a literatura infantil na escola"; "Literatura na escola: propostas para o ensino fundamental"; "O livro na sala de aula"; "A literatura infantil na escola"; "A leitura como instrumento pedagógico"; "O livro como passaporte para a cidadania", "A literatura como facilitadora da escrita".

Como são ementas configuradas e desenvolvidas em várias instituições de diferentes regiões brasileiras, a esta altura observa-se uma tendência de deslocar a literatura de sua prática social e recontextualizá-la como recurso, instrumento, ferramenta de ensino da leitura. Modalizadas as intenções, por mais positivas que sejam, ressalta-se a urgência de analisar esse procedimento usual e estudar o efeito, o impacto dos condicionamentos que ele pode promover, em médio e longo prazos, no leitor em formação.

Uma das hipóteses para explicar essa tendência é o fenômeno que Bernstein (1996) chamou de recontextualização. As atividades de leitura e produção textual, quando pensadas para a escola, tendem a recontextualizar os textos literários (Bernstein, 1996), removendo-os de seu contexto e realocando-os para a estruturação do discurso pedagógico. E, segundo Mainardes e Stremel (2012, p. 7), a recontextualização está nas políticas educacionais macro (políticas públicas) e micro (escola e sala de aula):

> Para Bernstein (1996), o campo oficial é criado e dominado pelo Estado e suas agências, autoridades ou departamentos, através de agentes especializados em produzir o discurso pedagógico oficial. O campo pedagógico é constituído por pedagogos em escolas, faculdades e setores de educação de universidades com suas pesquisas, periódicos e jornais especializados, fundações privadas de pesquisa. Segundo Bernstein (1996) esses dois campos têm um efeito sobre o discurso pedagógico independentemente um do outro, portanto, disputarão espaços e influências na configuração do discurso pedagógico.

A literatura recontextualizada no discurso pedagógico, seja em nível macro ou micro, passa, por um lado, a representar um recurso didático de ensino da leitura. Nesse caso, os textos literários tendem a servir de (pre)texto para ensinar leitura em diferentes faixas etárias, marcado nos livros, em seus resumos indicativos e nas respectivas recomendações didáticas elaboradas pelas próprias editoras. Por outro lado, tendem a ser considerados motivação para ensinar determinados conteúdos a ser trabalhados pela escola, como os temas transversais nos Parâmetros Curriculares Nacionais - por exemplo, Ética, Meio Ambiente e Saúde, Pluralidade Cultural e Orientação Sexual (MEC, 1997).

Há outra forma de recontextualização bastante recorrente no trabalho com a literatura: os textos literários tendem a servir de exemplificação de movimentos literários a ser descritos e ensinados. Nessa perspectiva, os cursos inclinam-se a focalizar a descrição (pretensamente) historiográfica das escolas literárias, ou, em outras palavras, a chamada periodização, que descreve a produção literária brasileira como se esta se encaixasse perfeitamente em uma sucessão de estilos e movimentos (Barroco, Arcadismo, Simbolismo, Parnasianismo, Romantismo, Realismo, Naturalismo, Modernismo...), com início e fim predeterminados, características imanentes e ainda com a prescrição de autores e obras de tal ou qual período. Do ponto de vista das discussões em teoria literária e ensino, a descrição implica eleger obras e autores como representantes exclusivos de um "estilo de época"; pautar-se em uma concepção contínua e linear de história; corroborar com a manutenção do cânone literário; e usar o texto literário, ou trechos dele, como exemplo para elucidar e confirmar características dessas escolas - o que, por si só, já denuncia a artificialidade do enquadramento que estabelece o cânone literário.

Não se pode esquecer que o chamado cânone literário, enfim, "a grande tradição inquestionada da literatura nacional" (Eagleton, 1997, p. 15), não tem de ser reconhecido como *constructo*, modelado por certos grupos e pessoas, em determinado tempo e lugar e em função de interesses particulares. Nesse sentido, ao falar sobre o critério de valoração e estabelecimento do literário e do não literário, o crítico britânico é pontual - e sua reflexão é muito importante para as nossas práticas na pesquisa e na docência:

> "Valor" é um termo transitivo: significa tudo aquilo que é considerado como valioso por certas pessoas em situações específicas, de acordo com critérios específicos, à luz de determinados objetivos. (Eagleton, 1997, p. 16)

A questão é vital: como ficam valores eternos, absolutos, universais diante de tantas e tão marcantes desigualdades sociais e da efemeridade do mundo hoje? Eagleton entende que essa mudança de paradigma implica uma transformação profunda em nossa história, a qual tenderia a produzir, no futuro, uma sociedade capaz de atribuir valores similares a Shakespeare e a grafites. Essa ocorrência pode parecer para alguns uma condição social tragicamente empobrecida, mas Eagleton discorda: "Creio que seria dogmatismo não considerar a possibilidade de que ela resultasse de um enriquecimento humano geral" (Eagleton, 1997, p. 16). Obviamente, a perspectiva incide diretamente sobre as práticas na sala de aula.

A explanação da teoria literária aqui encaminhada ajuda a compreender as razões pelas quais a recontextualização, como forte presença no ensino da literatura, pode se tornar um procedimento redutor. Vieira (2008, p. 442) sublinha o conflito de concepções presente nas discussões acerca do ensino da Literatura:

> Arte ou disciplina escolar? Sua inclusão no currículo escolar a transforma em matéria de ensino. E, como disciplina escolar, seu ensino está sujeito a teorias pedagógicas, literárias e linguísticas. Os documentos oficiais, expressando o posicionamento teórico de seus autores e o contexto histórico e social em que foram elaborados, ora a consideram uma disciplina autônoma, ora a incluem na disciplina Língua Portuguesa.

Mais adiante, no mesmo artigo, Vieira (2008, p. 454) afirma que hoje a literatura tem sido "vista sob o enfoque da arte ou do fazer artístico", sustentada pela discussão acerca da importância do leitor na concretização do texto literário, baseada em teóricos de tradições diversas, como Mikhail Bakhtin, Antonio Candido,

Umberto Eco e Ítalo Calvino. No entanto, adverte sobre o risco de o estudo da literatura ainda ser tomado como historiografia da arte literária e, por essa razão, propõe que, no ensino das diversas linguagens artísticas, não se abandone:

> quer o eixo da produção (eixo poético), quer o da recepção (eixo estético), quer o da crítica. O ensino das artes não pode mais se reduzir nem à História da Arte, nem à mera aquisição de repertório, e muito menos a um fazer por fazer, espontaneísta, desvinculado da reflexão e do tratamento da informação. (Vieira, 2008, p. 449)

Para reforçar a discussão, vale lembrar que, além das indagações acerca do ensino de literatura, a polêmica conceitual já é instaurada em relação ao objeto literário; isso quer dizer que a discussão é dupla: incide sobre o ensino de Literatura e sobre a própria literatura. Nas palavras de Eagleton (1997), desde o artigo pioneiro do formalista russo[2] Vítor Chklovski (*A arte como processo*[3], de 1917), a teoria literária tem se desenvolvido muito e "o próprio conceito de 'literatura', 'leitura' e 'crítica' tem sofrido profundas alterações" (Eagleton, 1997, p. IX).

---

2. O formalismo russo resultou da aplicação da linguística ao estudo da literatura. "Os formalistas surgiram na Rússia antes da revolução bolchevista de 1917; suas ideias floresceram durante a década de 1920, até serem silenciadas pelo stalinismo. Sendo um grupo de críticos militantes, polêmicos, eles rejeitaram as doutrinas simbolistas quase místicas que haviam influenciado a crítica literária até então e, imbuídos de um espírito prático e científico, transferiram a atenção pra a realidade material [forma] do texto em si [...]" (Eagleton, 1997, p. 3). Para os formalistas, a literatura era uma organização particular da linguagem marcada pela literariedade, ou seja, aquilo que de fato tornaria um texto literário e assim o diferenciaria do que chamavam "séries não literárias".

3. Para Chklovski, "a finalidade da arte é dar uma sensação do objecto como visão e não como reconhecimento; o processo da arte é o processo de singularização [*ostraniene*] dos objectos e o processo que consiste em obscurecer a forma, em aumentar a dificuldade e a duração da percepção. O acto de percepção em arte é um fim em si e deve ser prolongado; a arte é um meio de sentir o devir do objecto, aquilo que já se 'tornou' não interessa à arte" (Todorov, 1999, p. 82).

Nesse livro – *Teoria da literatura: uma introdução*, publicado em 1983 –, Eagleton lembra que, se muitas obras estudadas como Literatura nas instituições acadêmicas foram – impositiva ou naturalmente – construídas para ser lidas como literatura, há outras também que não o foram:

> Um segmento de texto pode começar sua existência como história ou filosofia, e depois passar a ser classificado como Literatura; ou pode começar como Literatura e passar a ser valorizado por seu significado arqueológico. Alguns textos nascem literários, outros atingem a condição de literários, e a outros tal condição é imposta. Sob esse aspecto, a produção do texto é muito mais importante do que o seu nascimento. (p. 12).

O crítico e filósofo britânico explica que o relevante pode não ser a origem do texto, portanto, mas o modo como os leitores o consideram: "Se eles decidirem que se trata de literatura, então, ao que parece, o texto será literatura, a despeito do que o seu autor tenha pensado" (Todorov, 1997, p. 12). Nesse sentido, não são consideradas características imanentes ao texto literário. A proposta, aqui, é saltar fora de uma visão essencialista e pensar na literatura não em função de uma pretensa qualidade inerente, mas sim a partir dos diferentes modos como os leitores se relacionam com ela – o que demonstra a valorização da recepção. Eagleton arremata a questão, dizendo que "qualquer fragmento de escrita pode ser lido 'não pragmaticamente' [...], assim como qualquer escrito pode ser lido 'poeticamente'" (Eagleton, 1997, p. 13).

Em nossas práticas, porém, observa-se uma incoerência entre pensar e atuar. Queremos dizer: mesmo reconhecendo a polifonia do texto literário e valorizando os seus diversos contextos de produção e recepção, o risco de uma leitura que o submeta a uma impiedosa escolarização, apontado por Vieira (2008), ou o sacrifique em prol de ideais educativos imediatos (Kirchof e Silveira, 2008), ainda é forte e frequente, sobretudo pela resistência própria do discurso pedagógico, seja ele em nível macro ou micro. Este trabalho entende que, no âmbito pedagógico, as duas instâncias são dinâmicas e suplementares: a leitura deve ser entendida na interação entre sujeitos e a literatura, em sua constituição discursiva: a de produção de sentidos, na contramão da visão essencialista.

Sobre os obstáculos no caminho do ensino da leitura, Eliana Yunes (2002, p. 14) afirma:

> Estes pequenos e complexos problemas já nos colocam diante da exigência de repensar o conceito tradicional de leitura, sobretudo aquele atrelado à escolarização: aprender sílabas, reconhecer palavras, balbuciar frases e, ainda assim, ser incapaz de compreender o que leu.

Diante do exposto e ainda considerando o desafio de trabalhar com literatura na universidade, somado ao dado de que o discurso pedagógico reivindica sua já visível inserção no âmbito da linguagem, é coerente, portanto, que se conceba linguagem, literatura, leitura e texto como práticas sociais.

LINGUAGEM (LEITURA, TEXTOS, LITERATURA) COMO PRÁTICA SOCIAL

> [É importante] discutir uma concepção de leitura que nasce no horizonte de um compromisso político: uma leitura que não apenas ofereça respostas ao homem sobre sua própria realidade, mas que também o instigue a se colocar questões e o instrumentalize na busca de respostas e soluções; uma leitura que desinstale o homem da placidez e da acomodação e ao mesmo tempo seja capaz de torná-lo melhor.
>
> (Maria, 2002, p. 42)

Para melhor compreender a reflexão acerca do ensino da literatura como fundamental para a promoção da leitura, mas sem reduzi-lo a mero instrumental, é necessário continuar repensando os conceitos de leitura, texto e linguagem que têm fundamentado a prática pedagógica. Essas acepções têm suas raízes na tradição ocidental, com suas exegeses alegóricas e teológicas da Idade Média, até a hermenêutica contemporânea. Ribas (2001, p. 119) explicita o deslocamento histórico na relação do sujeito com o texto e a leitura:

> O termo "interpretação" é de meados do século XII e designava um saber único, sagrado, dado pelo mestre (*determinatio*) não podendo, portanto, ser reivindicado como fato individual. Com o séc. XIX, por conta do individualismo da burguesia, com o Romantismo, vai se dissipando essa modalidade de "assujeitamento" do indivíduo e passando a haver, dentre outras marcas, uma intervenção crescente do discurso jurídico (do capitalismo moderno) sobre o religioso (feudalismo medieval).
>
> Opera-se aí um deslocamento no modo de relação do sujeito com a escrita e com a própria leitura, ou seja, a subordinação explícita (assujeitamento) do sujeito ao discurso religioso, embora não seja totalmente dissipada, é substituída por uma subordinação menos explícita – o sujeito de direito –, em que o Estado se impõe sobre o cidadão levando-o, segundo Foucault (2006), a interiorizar a forma de coerção ao mesmo tempo em que toma consciência de sua autonomia.

Nesse contexto, o sujeito leitor moderno é, ao mesmo tempo, submisso e autônomo. E essa ambiguidade explica em parte por que, na escola, ensinar a ler ainda é ensinar a desvendar "a interpretação correta" e não que "compreender é saber que o sentido poderia ser outro" (Orlandi, 1988, p. 116).

É essa mesma ambiguidade, no entanto, que vai produzindo mudanças em nossa prática social, ampliando o conceito de leitura como *atribuição de sentidos*. Isto é, leitura mobiliza concepções de mundo, considerando as questões ideológicas que configuram os textos e as próprias leituras. Dessa forma, e conforme já argumentado por Eagleton em relação à Literatura, não é uma questão de *essência*, mas de "condições de produção", tanto do texto como da leitura (Soares, 1988).

Ratifica-se então que, de acordo com a orientação teórico-metodológica aqui adotada, a relação entre autor e leitor é uma relação entre sujeitos, em seus lugares sociais historicamente produzidos. Não se fala alguma coisa para qualquer um, em qualquer lugar, em qualquer tempo. Em todo texto há um escritor (no sentido *lato* de produtor) e um leitor imaginários, concebidos no contexto sócio-histórico em que ele é produzido e lido. Há, portanto, sempre uma expectativa de leitor inscrita no texto, assim como no texto está sempre colocado quem fala, de onde se fala e em que contexto histórico se fala. E, no ato de produzir e ler textos, os sujeitos e seus entornos estão em jogo, como esclarece Eni Orlandi (1988, p. 9):

> Há um leitor virtual inscrito no texto. Um leitor que é constituído no próprio ato de escrita. Em termos do que demonstramos "formações imaginárias" em análise do discurso, trata-se aqui do leitor imaginário, aquele que o autor imagina (destina) para seu texto e para quem ele se dirige. Tanto pode ser seu cúmplice quanto seu adversário.

Nesse jogo os sujeitos são representados, bem como se constituem historicamente, como lembra Mia Couto (2011, p. 13-14)[4]:

> As línguas servem para comunicar. Mas elas não apenas "servem". Elas transcendem essa dimensão funcional. Às vezes, as línguas fazem-nos ser. Outras [...] elas fazem-nos deixar de ser. Nascemos e morremos naquilo que falamos, estamos condenados à linguagem mesmo depois de perdermos o corpo. Mesmo os que nunca nasceram, mesmo esses existem em nós como desejo de palavra e como saudade de um silêncio.

Essa ampliação do conceito de leitura como produção de sentido entre interlocutores está imbricada com as alterações nos *textos* e nas *linguagens* que os compõem. Na perspectiva discur-

---

4. Em entrevista, Mia Couto fala também sobre a literatura de Moçambique e de sua relação com as palavras. Disponível em: <http://www.saraivaconteudo.com.br/Entrevistas/Post/45036>. Acesso em: 25 mar. 2013.

siva, os textos são leituras: "Toda enunciação, mesmo na forma imobilizada na escrita, é uma resposta a alguma coisa e é construída como tal. Não passa de um elo na cadeia dos atos de fala" (Bakhtin, 1992, p. 143). Nesse sentido, todas as manifestações humanas – culturais, artísticas, comportamentais, políticas – são passíveis de leitura e, como tal, materializáveis em textos.

Nesse viés, além de assinalar que sentidos e sujeitos são condicionados histórica e ideologicamente – determinados por quem fala/lê e pelo contexto de onde se fala/lê –, o presente trabalho chama a atenção para outra condição de produção dos textos: o *modo* como se diz/lê.

Materializamos nossos discursos, nossas concepções de mundo por meio de diversos gêneros textuais, verbais e não verbais. Portanto, além da condição de quem e de quando e onde se fala/lê, há a condição de *como* se fala/lê. Ou seja, as formas materiais da linguagem também são fundamentais na produção de qualquer texto. O verbal e o não verbal "são modos absolutamente distintos de significar, de nos relacionarmos com o mundo, com as coisas, com as pessoas e com nós mesmos" (Orlandi, 1995, p. 37).

Como afirma Eni Orlandi no mesmo artigo:

> O sentido tem matéria própria, ou melhor, ele precisa de uma matéria específica para significar. Ele não significa de qualquer maneira. Entre as determinações – as condições de produção de qualquer discurso – está a da própria matéria simbólica: o signo verbal, o traço, a sonoridade, a imagem etc. e sua consistência significativa. Não são transparentes em sua matéria, não são redutíveis ao verbal, embora sejam intercambiáveis, sob certas condições. (p. 39)

Orlandi chama a atenção também a outro fato:

> A Análise de Discurso restitui ao fato de linguagem sua complexidade e sua multiplicidade (aceita a existência de diferentes linguagens) e busca explici-

> tar os caracteres que o definem em sua especificidade, procurando entender o seu funcionamento. (p. 40)

Por esse motivo, nas práticas contemporâneas de produção e de leitura de textos, é preciso que se leve em conta não só as diferentes linguagens, mas também, e sobretudo, os modos de articulação entre elas (Guimarães, 2010).

Considerando que a literatura trabalha no limite da linguagem – destacando suas ambiguidades, suas representações, seus simbolismos, suas figurações, desde que consideradas pelos seus receptores –, a leitura e produção dos textos literários podem ser um espaço de resistência contra dogmatismos e estereótipos, como Luzia de Maria (2002, p. 51) ressalta:

> [o texto literário é] o espaço por excelência da pluralidade de vozes, do diálogo e da reflexão, o que sem dúvida assegura a ele uma posição privilegiada entre os demais, favorecendo o encontro com respostas e questionamentos que dizem respeito ao homem enquanto ser sensível, pensante, histórico e social.

LITERATURA EM CURSOS E A BIBLIOTECA

> Não me corrija. A pontuação é a respiração
> da frase, e minha frase respira assim.
> E se você me achar esquisita, respeite também.
> Até eu fui obrigada a me respeitar.
> (Clarice Lispector, 1984)

> O meu pai nos ensinou a olhar para as pequenas coisas, ao jeito das lições de Manoel de Barros, procurando brilhos entre poeiras e cinzas do chão. Numa sociedade colonial muito violenta, ele nos conduziu a descobrirmos na vida e por nós mesmos o que os livros depois revelaram. Outra coisa: ele nos fez primeiro ouvir poetas dizendo os

> seus próprios versos. Através de gravações, através de noites de poesia em que ele mesmo e poetas amigos diziam os seus versos. Para nós, o que nos seduzia era o modo como aquelas pessoas se embeveciam com a palavra, como se fosse uma espécie de música.
>
> (Mia Couto, 2012, p. 1)

As discussões acerca da complexidade do objeto literário, da leitura e do ensino da literatura são desafios à prática docente.

Apostamos que a articulação entre o caráter polissêmico atribuído aos textos literários e a disseminada polifonia que constitui o ato de ler pode diminuir a distância entre os espaços da escola/universidade e do mundo. Desde, claro, que os envolvidos no processo de leitura estejam disponíveis para produzir e compartilhar sentidos outros. Nesse movimento, linguagem e realidade articulam-se e mutuamente se reconstituem; consequentemente, a formação do leitor aproxima-se do processo de formação para a percepção da realidade circundante e do processo de formação do sujeito, conforme enfatiza Nunes (1990).

Nesse sentido, nas nossas disciplinas de graduação de Literatura Infantojuvenil, de Teoria Literária e de Estágio Supervisionado de Ensino de Literatura e Língua Portuguesa Literaturada FFP, mais do que prescrições pedagógicas, temos promovido a leitura e a produção de textos literários com vistas ao alargamento dos nossos limites culturais e sociais e ao aguçamento da percepção para o outro.

Em um desses cursos começamos por instigar a reflexão acerca de nossa busca de vida. A primeira tarefa é a de procurar, com livre acesso à biblioteca infantojuvenil do CEHD, um livro infantil que possa traduzir essa busca. Os alunos escolhem vários que, de certa forma, têm que ver com seu momento específico. Alguns deles escolheram *Selma*, de Jutta Bauer (2007), e *João Felizardo, o rei dos negócios*, de Angela Lago (2007), entre outros.

Um dos alunos escolheu *A grande questão*, de Erlbruch (2006), que mobilizou a turma para produzir um texto literário que brincasse com a questão do livro: "Por que viemos ao mundo". Na história, cada personagem, dependendo do contexto e momento em que vive, responde à questão.

Já que todos se mobilizaram para responder, a tarefa acertada para cada um seria esta: fazer um texto literário que respondesse à questão que nos mobilizasse naquele momento. Uma das alunas da turma, Valéria Vilhena, à espera de um resultado de um exame de saúde, completamente mobilizada, fez o poema abaixo:

Vale o Escrito

Pelas pontas dos dedos Todo o corpo em tensão
Vou enfrentando meus medos
Em estado de suspensão

À espera de um veredicto
Com a certeza de contar contigo
Ainda assim tenho o coração aflito
Esteja por perto meu amigo

Calma, digo em oração
Tudo ficará bem
Aos poucos volto do chão
Tudo ficará bem.

Esse foi um exemplo de como a biblioteca tem nos possibilitado o tão propalado gosto literário, na relação mais próxima que se estabelece entre os sujeitos, a vida que levam e os livros. Como Cademartori diz: a leitura literária pode produzir "uma voz que só você pode escutar" (2009, p. 17). A leitura que Valéria fez da "Grande questão" é muito própria, singular, porque diz respeito ao seu momento particular de vida.

Para escapar da "opressão da prosaica realidade" (*ibidem*, p. 37), o acesso aos livros da biblioteca também tem sido fundamental. Ao chamar a atenção para a complexidade característica das leituras possíveis de um texto aparentemente simples – *Tudo bem ser diferente*, de Toddy Parr (2002) –, um dos alunos produziu uma leitura crítica dele, já que o livro em questão acabava abordando a desigualdade como diferença (Silveira, Bonin e Ripoll, 2010). A descrição de uma página da produção de Raph Russo, articulando palavra e imagem, dá uma ideia de como o leu criticamente. A legenda era "tudo bem entrar em filas" e, por meio de duas imagens, chamava a atenção para a desigualdade social. Em uma das imagens havia uma fila para comprar *fast-food* no McDonalds; em outra, crianças pobres estão em fila com um prato vazio nas mãos para conseguir um pouco de sopa.

Outra condição que o acesso à biblioteca possibilita é a escolha de obras, abrindo mão da tarefa, geralmente destinada ao professor, de julgar e hierarquizar o conjunto de textos a ser trabalhados, empregando um único critério. Dessa forma, podemos discutir que não há livros bons ou ruins para todos. No exemplo acima, apesar de Ralph Russo criticar o livro sobre o qual fez a paródia, pode ser considerado o disparador para uma discussão extremamente importante na contemporaneidade.

Kirchof e Silveira (2008) questionam até que ponto e sob quais formas a polissemia, a plurissignificação, a ambiguidade, a surpresa e, enfim, a literariedade podem ser compatibilizadas com uma abordagem didática de qualquer temática na escola. Com base nessa experiência, tem sido possível resguardar a literariedade e toda a riqueza que ela traz. Em uma das experiências vivenciadas nos referidos cursos de graduação de Letras e Pedagogia da FFP, propomos analisar os livros infantis que tratavam de temáticas abordadas na escola. Uma dessas temáticas referia-se à sexualidade, mais especificamente como nascem os bebês. A análise empreendida pelo grupo envolveu os livros infantis *De onde eu vim?*, de Claire Liewellyn e Mike Gordon (2002); *De onde vêm os bebês*, de Andrew C. Andry e Steven Schepp (2005); e *Mamãe botou um ovo*, de Babette Cole (2008).

Entre esses três, somente o último não sacrificava a literariedade em prol da explicação e descrição didática. Uma das alunas pensou em fazer um conto sobre a temática incentivando a polissemia, a plurissignificação, a ambiguidade da temática:

De onde vêm os bebês

Tathiana Duarte Monteiro

Um dia eu estava caminhando tranquilamente com minha mãe na rua, quando uma mulher muito barriguda parou para falar com ela. Fiquei olhando, ouvindo e escutei a moça dizendo para minha mãe que estava grávida. Assim que ela foi embora perguntei:

– Mãe, o que é "grávida"?

Mamãe me explicou que a mulher iria ter um bebê. Fui para casa pensando no que a minha mãe tinha falado. Depois de tanto pensar, decidi fazer outra pergunta:

– Mãe, de onde vêm os bebês?

O estranho foi que ao ouvir a minha pergunta, mamãe ficou vermelha, engasgou e não respondeu a minha pergunta.

Depois que eu repeti a pergunta, ela resolveu consultar meu pai. Acho que fez isso porque ela também não sabia a resposta.

Depois de uma longa conversa com o papai, ela veio e explicou que primeiro o pai e a mãe resolvem juntos que vão ter um bebê, depois eles procuram no jardim uma sementinha especial. Ao encontrá-la, o pai coloca a semente na barriga da mãe. E aí é só esperar um bom tempo que o bebê nasce.

Prestei bastante atenção nos detalhes da explicação. Mas alguma coisa deve estar errada, porque estou há um tempão com uma sementinha no umbigo e o bebê não nasce!

Acho que tenho que trocar de sementinha...

Trabalhamos a literatura em diversos suportes: no livro, em tablets, no cinema, no YouTube. Com base na leitura do livro *Aperte aqui*, de Hervé Tullet (2011) – que estimula a interação lúdica do leitor, como nos livros em tablets, por meio de bolas coloridas que devem ser "acionadas" pelo leitor conforme as instruções do narrador –, Lorena Mesquita Borges, aluna de um dos cursos, também fez uma versão em papel do que seria um livro infantil para iPad. A intencionalidade interativa está colocada no título do livro: "O que está faltando?". O narrador pede ao leitor que busque figuras que faltam no cenário de cada página.

Trabalhar com gêneros textuais na literatura também possibilita leituras múltiplas de obras e dos próprios gêneros, como na produção de Valéria Vilhena, que trabalha com dicionário:

Dicionário de nós mesmos

GULOSEIDES ANORMALIS
Este é o monstro das medidas e formas. Está sempre a nos espreitar. Presente à mesa, nas roupas desejadas, guardadas no armário, no cinto que usamos. É o grande inimigo do biquíni. Os médicos o repudiam, aliás, não há quem o deseje. Procura-se a cura para tamanho mal nas academias de ginástica.

SAUDALITAS CONSTANTIS
Dona Saudalitas vem sem avisar. Pode chegar de uma lembrança alegre para assumir lugar no coração. É folgada, instala-se sem cerimônia. Aperta o peito, causando muita dor. Não vale a pena cultivar esse vírus. Recomendam-se visitas esporádicas

ALEGRES INCANSABILIS
Esse é o famoso *mala sem alça*. Quando todos estão concentrados tentando resolver uma pendência, é aí que ele surge. Traz uma piada de mau gosto, uma observação inoportuna, acompanhada, claro, de uma risada. Detalhe para um sintoma importante: essa risada é daquele tipo que procura no outro uma sequência de outras risadas, que invariavelmente não aparece. É um mal difícil de combater, não possui semancol.

CANTORIAS INSASIÁBILIS

Quem nunca sofreu com essa doença? Primeiro: só a identificamos no outro. Quando a portamos, não nos parece um mal, mas um dom. O local de maior infestação é, sem dúvida, nos bares aonde normalmente vamos para bater um papo. Este intento não se dará, caso neste local encontre-se a indefectível máquina de caraoquê. Aviso importante: não tem cura. É um mal progressivo.

CEGUEIRA PAPALIS,
vulgo CURUJICES ANORMALIS

Sintomas: Meu filho é o mais bonito, o mais inteligente, nunca tem culpa por nada daquilo que lhe acomete mesmo quando pego em flagrante delito, tem as melhores ideias, é o campeão. Nas lembranças apenas passagens serenas e gloriosas. Engane-se o Romário, visto que, ele sim, é O CARA. Pior doença que essa, só a CEGUEIRA NETALIS.

BARBIES COMPLEXIS

Quem, nos dias de hoje, não esteve em contato com uma mulher acometida por essa doença? Para diagnosticá-la observe: usa a cor rosa em suas várias tonalidades; a maquiagem é sua companheira diuturna; segue todas as tendências das revistas de moda; acredita que conforto não é fundamental, fundamental é a aparência; pensa ser o objeto de desejo de todos os homens; fala maaannnssooo... O principal dano causado por essa bactéria é a alienação.

MARCIANUS

De aparência verde, é um vírus fortíssimo. Concentra sua resistência nas cabeças dotadas de grande generosidade na aceitação de coisas impossíveis. Tem sempre relatos de grandes heroísmos (sempre de sua parte, claro), relata fatos mirabolantes só presenciados por ele. Vê e fala com fantasmas, discos voadores, duendes, fadas, já viu de tudo. Seu psiquiatra considera que o mundo é monótono para ele, por isso, ele inventa um mundo diferente. Em pequenas doses, pode até ser divertido.

HUMORES SOLARIUS

Por este, todos nós queremos ser atacados. Ele traz boas notícias, pensamentos positivos, aceita o outro do jeitinho que ele é. Não gosta de brigas, odeia fofocas, é camarada, gentil, alegre na medida. Muita gente acha que só se é feliz quando portador deste vírus.

BEBADOS SOLUBILIS

HIC HIC. Essa é sua fala mais constante. Bafo terrível. Memória inexistente. Parece que a visão fica afetada, o que se verifica pela necessidade de falar quase em cima do ouvinte. Ecolalia, repete tudo várias vezes. Seu melhor momento ocorre quando ele cai na cama e dá sossego a todos.

VIOLEIROS CANTARIS

Quem de nós, românticas mulheres, nunca foi vítima desta dupla forma de cantar? De uma maneira geral ele surge na escola, nas escadarias dos edifícios, ou na casa de um amigo. São invariavelmente sensíveis, com olhares lânguidos, poetas, cultos. A mesma pegada decidida e delicada que o violão recebe dele, nós recebemos também. É grande causador de suspiros, noites insones e amasso nas escadas. Cuidado, ao entrar em contato com ele, previna-se. Use camisinha.

DOENTIS CRONICUS

Quem será este? Poxa, não reconhece? É o hipocondríaco. Dói quando anda, dói quando acorda, dói quando come, dói quando trabalha, dói quando namora, dói quando lê, dói quando ri, dói quando fala, quando se vira e até quando pensa. Enfim, viver dóooiiii!!!

MAGDAS SILENCIOSIS

MAGDAS SILENCIOSIS é aquela companhia que ninguém quer ter. Quando é para ser sincera, ela mente. Se for para omitir, ela escancara. Se precisar de uma sutileza, se comporta como um elefante em loja de cristais. Segredo? Joga na internet. Cala a boca, Magda!

Há leituras que, concretizadas na produção de textos, fazem crítica ao discurso pedagógico, como no caso do poema de Roberto Poeta, inspirado na leitura de *Miguel*, de Tony Bradman e Tony Ross (1990):

Discurso ou diálogo?

(Releitura do livro *Miguel*, de Tony Bradman)

Por que a "concepção da academia"
Mais entedia do que contagia?
Poderogia ou Pedagogia?
Demagogia ou democracia?

Prega-se uma "autonomia"
Que, na prática, não se experiencia? Fica apenas a teoria...
Mas do condicionamento que silencia?

Educação condicionadora ou viabilizadora?
Ditadora ou articuladora?
Elitizadora ou equalizadora? Massificadora ou mediadora?
Tradicional ou experimental?
Artificial ou relacional?
Quantificante ou qualificante?
Alienante ou pensante?

Educação opressora ou orientadora?
Podadora ou motivadora?
Refreadora ou mobilizadora?
Repressora ou acolhedora?

Punitiva ou inclusiva?
Impositiva ou reflexiva? Excludente ou coerente?
A que robotiza ou que gosta de gente?

Quer "dizer sem fazer"?
Ou "promover sem reter"?
É o controle pelo poder?
Ou há sabor no saber?

Quer instituir?
Ou fazer evoluir?
Quer somente impor? Ou liberdade propor?

O que prevalece é o poder da nota
Que classifica, rotula e esgota?
Ou o que vale, na realidade,
São "talentos e potencialidades"?

Qual metodologia aplicada?
A que se copia ou a que é inventada?
Qual recurso utilizado?
A do discurso ou do diálogo?

Prova nada prova,
Não iguala nem inova.
Reforça a postura arbitrária
De uma educação taxativa e bancária.

Pois o que leva à cidadania
É a "poesia" que se vivencia,
Pela educação libertadora
Que da inclusão é promotora!

Na proposta de ensino de literatura nas referidas disciplinas da FFP, o trabalho com a literatura tem se tornado uma atividade mais ampla, ultrapassando os limites da própria literatura (discurso estético), alcançando um sentido amplo de leitura do mundo. Os futuros professores, alunos dos cursos de formação de professores, multiplicam essa visão, como nos dois poemas a seguir:

O mundo dos livros
Girlene Florenço

Há um mundo de sonhos, realizações
Há um mundo de viagens
Onde a única coisa em movimento
É a nossa imaginação

O corpo fica inerte
Tudo parece saltar
Ter vida

Os sonhos, as histórias
Nunca são iguais
À medida que muda o visitante

Por isso a sua visita
É essencial
Sua estadia será emocionante
Seja bem vindo ao mundo dos livros!

O livro
Priscila Teixeira

Eu sou um livro,
sou muito importante.
Tenho um trabalho
emocionante

Se alguém procura
o que fazer,
sou opção
de bom lazer.

Eu posso ser
muito engraçado,
deixar você
bem humorado.

Eu posso ser seu professor e lhe ensinar
com todo amor.

Eu posso ainda ser seu amigo,
levar você
sempre comigo.

Eu só não posso
fazer careta
se me abandonam numa gaveta.

A riqueza dessa experiência com o texto literário é descrita em poucas palavras por Bartolomeu Campos de Queirós (2007, p. 31): "Com o livro aberto sobre os joelhos, o longe vinha estar sob meus olhos; o mais preservado eu intuía e acreditava participar da intimidade revelada pelo escritor. [...] Sem me perder de mim, pretensiosamente, me fazia o Outro".

Tem sido nesse movimento de produção de sentidos que nos tornamos o "Outro", ou seja, nos modificamos, ampliamos nossa visão de mundo, agregamos a nós as vivências proporcionadas pela leitura. Na interação entre texto e leitor, as potencialidades do texto literário têm se ampliado.

DA PEDAGOGIZAÇÃO À FRUIÇÃO DA LITERATURA: ARTE NA UNIVERSIDADE

> [o sentido da minha vida] é inventado a cada momento, mas é claro que eu necessito da poesia, eu necessito da arte, eu necessito de estar discutindo essas coisas, de estar pensando nessas coisas que dão transcendência à vida. Eu não tenho dúvida alguma de que a arte é necessária porque a vida não é suficiente, porque senão qual era a necessidade de inventar a arte? A necessidade é essa: as pessoas necessitam dela, por mais que aconteça coisa no mundo, a arte sobrevive, como uma forma de acordo com o momento, com a época, ela é uma coisa necessária, como a ciência é necessária, como a filosofia é necessária, como a religião é necessária, como a política é necessária.
>
> (Gullar, 2013)

A assunção da literatura enquanto objeto estético e não como objeto histórico ou recurso didático ou moral marca nossa proposta. O texto e o leitor constituem o motor dos cursos de literatura. Não apenas o texto, nem somente o leitor, mas ambos, em interação – com a ressalva de que o sujeito leitor interage não com o texto material, mas com os sujeitos implícitos ou virtuais ali representados. A interação é sempre entre homens, entre leitores; ela é intersubjetiva (Orlandi, 1988).

Como afirma Ferreira Gullar na epígrafe desta seção, literatura é arte, e é por meio dela que vemos sentido para nossos cursos de literatura. Como conceber, então, um curso de literatura sem a desejada fruição do texto literário?

Antes de pensar essa questão, é importante enfatizar o nosso entendimento de "fruição literária". Por Chartier (1996), trata-se de uma formulação não unidirecional. De maneira não exclusiva nem excludente, é constituída não por um indivíduo, mas por um jogo de forças em permanente atrito nos polos do leitor, texto (enquanto voz de um leitor implícito) e mediações culturais que – hoje assumimos – agem em coautoria. Na fruição literária, ato e estado se fundem, compondo um processo de significação específico: imersão e mobilização (ativação) do sujeito diante de si mesmo, do mundo e dos signos literários para produção de sentidos. É um processo cuja pluralidade espaçotemporal atinge, em via de mão dupla, os seus próprios elementos constituintes.

Aqui entendida como prática substancial à vida na escola, a leitura (de literatura) é coberta de mistérios e implica sempre um sentido. Como diz Chartier (1994, p. 16), "[...] não é somente uma operação abstrata de intelecção, é também pôr em jogo o corpo, é inscrição num espaço, relação consigo e com o outro", interação que se requer compartilhada e generosa, ainda que nem sempre harmoniosa, entre o leitor e os vários mundos possíveis.

Voltando a chamar a atenção para a paráfrase de Mário Quintana: só se aprende literatura lendo e fazendo literatura. A prática descrita anteriormente nos dá pistas de que na escola/universidade, para resistir aos estigmas sociais, aos dogmas da cultura "mercadológica" e discursos pedagógicos consensuais, é necessária a (docência como) arte – espaço da transgressão, alargamento de fronteiras e ativação da criatividade.

Sobre a arte literária, em diálogo com sua atividade de biólogo, Mia Couto (2012, p. 1) nos conta:

> O que mais me admira na Biologia é o relato da mais fascinante narrativa que há, a história da vida. A literatura é uma celebração desse fascínio que em nós provoca a vida e o fato de estarmos vivos. A ciência tem uma aproximação mais redutora e simplificadora da vida. A arte pode dar conta dessa complexidade imprevisível que são os fenômenos da vida.

Como arremate à reflexão aqui empreendida, compartilhamos a desfiável bainha poética presente na formação. É com arte que Josiane, hoje nossa colega professora, expressa como "ser docente":

Para ser docente

Josiane Gomes Cortes

Para ser docente é necessário ser discente
É preciso ler o mundo e permitir que ele o leia
Me ensinou o livro de Freire

É necessário parar o fluxo,
Não permitir que o tempo nos atropele
Viver as experiências de forma que elas nos toquem
Assim como conta Larrosa
Perceber o eterno campo de batalhas
Travado pelas palavras
Tendo consciência da força que elas carregam
Como escreveu Bakhtin

A morte da arte de narrar
Não se pode permitir
Pois é nela que se renova a vivacidade dos acontecimentos
E a possibilidade de discuti-los, segundo Benjamin

Para ser docente é preciso ter um pouco de tudo isso
Que aprendi na faculdade,
mas também é preciso olhar o olhar de uma criança
E assim se fazer professor.

A partir das discussões que trouxemos sobre a valoração do literário e práticas de leitura, é possível constituir outra visão de literatura, alocar um espaço diverso para o leitor, o que Eagleton (1997) identifica não como trágico empobrecimento da condição social, mas sim como enriquecimento humano. Essa perspectiva implica reconstrução mútua das subjetividades em interação. *Lendouvindo* o outro contar suas histórias, impressões, percepções, é possível abraçar e acolher o diferente de si; e ainda compartilhar olhares, experiências, sem emitir de imediato um julgamento que seria nada mais, nada menos do que um juízo de valor, um pré-conceito que bloqueia o discurso (Eco, 2004). Essa leitura compartilhada permite-nos fruir a experiência – poética – de Josiane. Assim como de tantos outros que estão por vir.

Finalmente, chegamos ao término deste trabalho. E, no momento da (in)conclusão, lembramos que nosso estudo pretendeu, aqui, um alcance crítico que se distanciou da culpabilização de qualquer das partes envolvidas no processo de ensinar literatura, sejam elas sujeitos, sejam instituições acadêmicas, escolares e governamentais. Preferimos, em lugar da culpa, a noção de responsabilidade; por esse viés nos implicamos no processo e tratamos de transformar aquilo de que discordamos, o que nos inclui. É importante, então, sinalizar que as políticas públicas em prol da leitura e da formação são bem-intencionadas e necessárias, mas é fundamental pensar para além dos resultados imediatos, porque estes se restringem a um modelo mais voltado à visibilidade e às demandas de curto prazo, que tendem a modismos e outras efemeridades.

O trabalho da docência na contemporaneidade (Agamben, 2010) precisa estar voltado também para as sombras do seu tempo, para aquilo que não se identifica apenas com a moda e o consenso e, por isso, não aloca espaços confortáveis nem constitui material lucrativo e visível. Fica a sugestão: docentes, discentes, poetas, artistas, especialistas e leigos, nós, leitores (sempre) em formação, precisamos nos "antenar" para os anacronismos da época, para tudo aquilo que – felizmente – desliza da normatividade, dos imperativos sociais, nos tira da zona de conforto e clama por transformação.

REFERÊNCIAS

AGAMBEN, G. *O que é contemporâneo? E outros ensaios*. Chapecó: Argos, 2009.

ANDRY, A. C.; SCHEPP, S. *De onde vêm os bebês*. São Paulo: José Olympio, 2005.

BAKHTIN, M. *Estética da criação verbal*. São Paulo: Martins Fontes, 1992.

BERNSTEIN, B. *A estruturação do discurso pedagógico: classe, códigos e controle*. Petrópolis: Vozes, 1996.

BRADMAN, T.; ROSS, T. *Miguel*. Rio de Janeiro: Salamandra, 1990.

CADEMARTORI, L. *O professor e a Literatura para pequenos, médios e grandes*. Belo Horizonte: Autêntica Editora, 2009.

CHARTIER, R. *A ordem dos livros: leitores e bibliotecas na França entre os séculos XIX e XVIII*. Brasília: Ed. UnB, 1994.

_____. *Práticas de leitura*. São Paulo: Estação Liberdade, 1996.

COLE, B. *Mamãe botou um ovo!* São Paulo: Ática, 2008.

COUTO, M. *E se Obama fosse africano? e outras interinvenções*. São Paulo: Companhia das Letras, 2011.

_____. *Mia Couto fala sobre a literatura de Moçambique e de sua relação com as palavras*. [S.l.:] Saraiva Conteúdo, 16 abr. 2012. Disponível em: <http://www.saraivaconteudo.com.br/Entrevistas/Post/45036>. Acesso em: 25 mar. 2013.

EAGLETON, T. *Teoria da literatura: uma introdução*. São Paulo: Martins Fontes, 1997.

ECO, U. "Prefácio". In: _____. *Apocalípticos e integrados*. São Paulo: Perspectiva, 2004, p. 7-30.

GUIMARÃES, G. *TV e escola: discursos em confronto*. São Paulo: Cortez, 2003.

_____. *TV e educação na sociedade multimidiática: o discurso sedutor em imagem, som e palavra*. Rio de Janeiro: Quartet/Faperj, 2010.

GUSMÃO, L. de. *O fetichismo do conceito: limites do conhecimento teórico na investigação social*. Rio de Janeiro: Topbooks, 2012.

GULLAR, F. *Trechos de poemas e falas*. Disponível em: <http://pensador.uol.com.br/autor/ferreira_gullar/>. Acesso em: abr. 2013.

INSTITUTO PRÓ-LIVRO. *Retratos da leitura no Brasil*. Disponível em: <http://www.prolivro.org.br/ipl/publier4.0/dados/anexos/2834_10.pdf>. Acesso em: abr. 2012.

JOLIBERT, J. *et al. Formando crianças leitoras*. Porto Alegre: Artes Médicas, 1994.

Kirchof, E. R.; Silveira, R. M. H. "Professoras moralizadoras, normalizadoras ou ausentes: a Literatura infantil retratando as diferenças". *Anuário de Literatura*, v. 13, n. 2, 2008.

Lajolo, M. *Literatura: leitores e leitura*. São Paulo: Moderna, 2001.

_____. "O texto não é pretexto". In: Zilberman, R. (org.). *Leitura em crise na escola: as alternativas do professor*. Porto Alegre: Mercado Aberto, 1988.

Liewellyn, C.; Gordon, M. *De onde eu vim?* São Paulo: Scipione, 2002.

Lispector, C. *A descoberta do mundo*. 2. ed. Rio de Janeiro: Nova Fronteira, 1984.

Mainardes, J.; Stremel, S. "A teoria de Basil Bernstein e algumas de suas contribuições para as pesquisas sobre políticas educacionais e curriculares". *Revista Teias*, v. 11, n. 22, maio-ago. 2010.

Mainardes, J.; Stremel, S. "A organização da escolaridade em ciclos no contexto do ensino fundamental de nove anos: reflexões e perspectivas". *Jornal de políticas educacionais*, n. 11, jan.-jun. 2012, p. 3-11.

Maria, L. de. *Leitura e colheita: livros, leitura e formação de leitores*. Petrópolis: Vozes, 2002, p. 51.

Mariani, B. "Leitura e condição do leitor". In: Yunes, E. (org.). *Pensar a leitura: complexidade*. Rio de Janeiro: PUC-Rio; São Paulo: Loyola, 2002, p. 107-09.

Martins, J. S. *Exclusão social e a nova desigualdade*. São Paulo: Paulus, 1997.

MEC. *Parâmetros curriculares nacionais: apresentação dos temas transversais*. Brasília: MEC/SEF, 1997.

Melo Neto, J. C. de. *A educação pela pedra*. Rio de Janeiro: Nova Fronteira, 1996.

Nunes, L. B. *Livro: um encontro com Lygia Bojunga*. Rio de Janeiro: Agir, 1990.

Orlandi, E. *Discurso e leitura*. São Paulo: Cortez, 1988.

_____. "Efeitos do verbal sobre o não verbal". *RUA* (Revista do Núcleo de Desenvolvimento da Criatividade da Unicamp), Campinas, 1995, p. 35-47.

Queirós, B. C. de. *Para ler em silêncio*. São Paulo: Moderna, 2007.

Quintana, M. *Da preguiça como método de trabalho*. Rio de Janeiro: Globo, 1987.

Ribas, M. C. C. "Conficções em torno da leitura: relatos (auto)biográficos e processos formativos na contemporaneidade". In: Fontoura, H. *Formação de professores e diversidades culturais: múltiplos olhares em pesquisa*. Niterói: Intertexto, 2011.

_____. "(Pós)modernidade e processos formativos: a saudável (in)consistência dos castelos de areia. Estudos". *Revista da FAEEB: Educação e Contemporaneidade*, v. 20, n. 36, Salvador, jul.-dez. 2011, p. 227-241.

_____. "Gazes into perspective: ways of reading, ways of feeling". In: DUYAN, E. (org.). *New questions on literary criticism*. Istanbul: DAKAM Publishing, 2012, p. 93-99.

ROSA, J. G. *Grande sertão: veredas*. São Paulo: Nova Aguilar. 1994.

SARLO, B. *Cenas da vida pós-moderna*. Rio de Janeiro: UFRJ, 2000.

SILVA, M. C.; MARTINS, M. R. "Experiências de leitura no contexto escolar". In: MEC. *Literatura*. Brasília, 2010, p. 23-40.

SILVA, M. "Literatura e experiência de vida: novas abordagens no ensino de Literatura". *Nau Literária*, v. 6, n. 2, jul.-dez. 2010.

SILVEIRA, R. M. H.; BONIN, I. T.; RIPOLL, D. "Ensinando sobre a diferença na literatura para crianças: paratextos, discurso científico e discurso multicultural". *Revista Brasileira de Educação*, v. 15, n. 43, jan.-abr. 2010.

SOARES, M. B. "As condições sociais da leitura: uma reflexão em contraponto". In: ZILBERMAN, R.; SILVA, E. T. da. *Leitura perspectivas interdisciplinares*. São Paulo: Ática, 1988.

TODOROV, T. "Chklovski in *Arte como processo*". In: _____. *Teoria da Literatura I: Textos dos formalistas russos*. Lisboa: Edições 70, 1999.

TULLET, H. *Aperte aqui*. São Paulo: Ática, 2011.

VIEIRA, A. "Formação de leitores de literatura na escola brasileira: caminhadas e labirintos". *Cadernos de Pesquisa*, v. 38, n. 134, maio-ago. 2008, p. 441-58.

YUNES, E. "Leitura: a complexidade do simples". In: YUNES, E. (org.). *Pensar a leitura: complexidade*. Rio de Janeiro: PUC-Rio; São Paulo: Loyola, 2002, p. 13-59.

ZINANI, C. J. A.; SANTOS, S. R. P. dos. "Ensino da Literatura: lugar do texto literário". In: ZINANI, C. J. A. *et al*. *Transformando o ensino de língua e de literatura: análise da realidade e propostas metodológicas*. Caxias do Sul: Educs, 2002.

4 Por uma alfabetização cidadã: por que ler e escrever a cidade de São Gonçalo com os sujeitos escolares?

Maria Tereza Goudard Tavares

A CIDADE COMO UM (CON)TEXTO

Em diferentes contextos da história humana, as cidades têm sido estudadas e representadas por inúmeros pensadores nas diversas áreas do conhecimento. Lugar do simbólico, onde se produz a história, cenário das tramas humanas, a cidade pode ser lida, segundo Machado, como: "Macrocosmo social, encontro de funções e sinergia de criações, texto e discurso, a cidade atravessa as ciências humanas e fecunda artes e letras como questão (o que é a cidade?) e como problema (Por que a cidade?)" (Machado, 2002, p. 213).

Meu longo processo de pesquisa na rede escolar de São Gonçalo, desde 1998, iniciou-se com o doutorado, tendo sido finalizado com o trabalho da tese *Os pequenos e a cidade: o papel da escola na construção de uma alfabetização cidadã* (Tavares, 2003). Tomar a cidade como um livro de espaços, cujas práticas e relações sociais com os sujeitos escolares eram necessárias e urgentes investigar e ler, implicou a complexificação do conceito de alfabetização para além de sua acepção usual na cultura escolar. Isto é, implicou tomarmos a "cidade como um problema", como nos desafia Machado (2002).

Fundamentados em Freire (1979, 1986, 1990, 1993), vimos defendendo que aprender a ler e escrever é antes de mais nada aprender a ler o mundo, compreender seu contexto, localizar-se no espaço social mais amplo, com base na noção de linguagem/realidade.

Do ponto de vista dos estudos realizados, afirmamos que ler o mundo é também ler o espaço: construção social e histórica da ação humana. Assim, ler o mundo é estudar a sociedade; é estudar o processo de humanização do homem com base no território usado, conforme nos ensina Milton Santos (1996). É, na contemporaneidade, estudar especialmente as relações sociais com e na cidade.

> O ato de aprender a ler e escrever deve começar a partir de uma compreensão muito abrangente do ato de ler o mundo, coisa que os seres humanos fazem antes de ler a palavra. Até mesmo historicamente, os seres humanos primeiro mudaram o mundo, depois revelaram o mundo e a seguir escreveram as palavras. Esses são momentos da história. Os seres humanos não começam por nomear A! F! N! Começam por libertar a mão e apossar-se do mundo. (Freire e Macedo, 1990, p. 32)

Com base em Freire e em sua concepção socioantropológica do ato de ler, venho compreendendo que linguagem e realidade se constroem mutuamente; daí que uma alfabetização crítica implicaria construir, com as crianças das escolas pesquisadas, a percepção das relações entre o texto e o contexto, na qual a leitura da palavra, da frase, da sentença jamais significasse uma ruptura com a leitura do mundo (Freire, 1986).

Porém, se *ler* "é interpretar signos, é captar a realidade significante dos signos [...] é conhecer o significado pela interpretação do significante" (Gutierrez, 1978), é urgente discutir, no mundo da escola, a insuficiência da concepção hegemônica da alfabetização apenas como aprendizagem da leitura e da escrita, isto é, apenas como instrumento de decodificação, diante dos desafios de um tempo histórico atravessado pelos *mass media,* pelo *meio técnico-científico-informacional* e por outras gramáticas tecnoperceptivas que atravessam as nossas formas de leitura de mundo.

Nesse sentido, sem abrir mão do compromisso de lutar pela universalização da leitura e da escrita no país – visto serem os altos índices de analfabetismo nacional denúncia de que estamos adentrando o terceiro milênio sem a democratização da escola e da própria experiência da alfabetização para todos –, é necessário complexificar e ressignificar o conceito de alfabetização:

> Por más escandaloso que nos suene es un hecho que las mayorías en América Latina se están incorporando a la modernidad; no de la mano del libro sino desde los discursos y las narrativas, los saberes y los lenguajes, de la industria y la experiencia audiovisual. (Martín-Barbero, 1996, p. 1)

Assim, não é por acaso que alguns teóricos latino-americanos do campo da comunicação e dos estudos culturais, como Canclini, Martín-Barbero, Beatriz Sarlo, Milton José de Almeida, entre outros, vêm buscando refletir e problematizar outra concepção de leitura na América Latina.[1]

Portanto, é necessário ampliar as discussões sobre o significado político e epistemológico do que seja alfabetização, do que seja leitura, num tempo de profundas reordenações de linguagens e hegemonia da imagem na constituição das subjetividades contemporâneas. E isso implica complexificar a questão da leitura e da escrita na contemporaneidade, especialmente no mundo da escola, porque o capitalismo pós-industrial – o capitalismo mundial integrado (CMI) – tende, cada vez mais, a desviar seus focos de poder das estruturas de produção de bens e de serviço para "as estruturas produtivas de signos, de sintaxe, de subjetividade, por intermédio, especialmente, do controle que exerce sobre a mídia, a publicidade, as sondagens etc." (Guattari, 1990, p. 31).

---

1. Sobre essa questão, os livros *Culturas híbridas: estratégias para entrar e sair da modernidade*, de Canclini (1997), *Os exercícios do ver: hegemonia visual e ficção televisiva*, de Martín-Barbero (2001), *Cenas da vida pós-moderna*, de Sarlo (2000), e *Imagens e sons: a nova cultura oral*, de Milton Almeida (1994), constituem referências importantes, no sentido de que complexificam os exercícios do ver (e do ler) na América Latina.

Nessa perspectiva, entendemos ser urgente a ressignificação do conceito de alfabetização devido à complexidade de delimitação do que seja um(a) leitor(a)/escritor(a) na contemporaneidade. O arcabouço teórico-metodológico que vem alimentando as pesquisas que desenvolvo no campo da semiótica urbana (Certeau, 1994; Barthes, 1985), e que procura dar materialidade às nossas ações no campo empírico de nosso trabalho investigativo na rede escolar gonçalense, enxerga no conceito de alfabetização cidadã uma possibilidade (entre outras) da ressignificação do que seja alfabetização, ou de uma alfabetização que, preocupada com a leitura do mundo, politiza a leitura da palavra.

Nesse contexto, a texturologia (Certeau, 1994) da cidade, sua densa paisagem de textos – anúncios, cartazes, *outdoors*, placas de trânsito, sinais, letreiros, informações, luminosos, os corpos dos citadinos, suas roupas, a moda, a estética urbana, os fluxos de informações, enfim, a gigantesca constelação escritural que materializa a cidade contemporânea, suas redes semióticas –, poderia ser um pretexto para que professores e crianças pudessem construir a experiência de uma alfabetização cidadã.

Ao investigar e complexificar a relação das crianças (e as suas próprias) com a densa paisagem escritural da cidade, professores(as) e crianças poderiam construir, compartilhadamente, outro modo de pensar e um olhar mais complexo, investigativo; um olhar que, ao questionar o pensamento único, convergente, abrisse espaço na escola para que as crianças, especialmente, pudessem com confiança dizer e escrever as suas palavras, e que esse movimento propiciasse aos diferentes atores escolares interrogar e compreender questões centrais no universo escolar, tais como: como as crianças aprendem? Como e onde aprendem a ler e escrever? Com que lógicas constroem suas aprendizagens? Por que é fundamental nessa sociedade aprender a ler e escrever? Quais os impactos de escrever e dizer a própria palavra, na escola e na vida? Enfim, compreender o compreender do outro traduziria o horizonte democrático de uma escola, no qual ler e escrever estariam vinculados à produção da existência humana em novos contextos históricos, em que o(s) paradigma(s) de conhecimento(s) se caracterizaria(m) pela heterogeneidade e dialogicidade das múltiplas lógicas, das racionalidades e dos modos de conhecer.

Nessa perspectiva, os processos de ensino e aprendizagem da leitura e da escrita estariam vinculados a outro projeto societário, uma responsabilidade coletiva, de todos(as), portanto uma construção política, atravessada permanentemente pela disputa em torno do problema epistemológico do conhecimento (Santos, 1998, 2000).

Com base em estudos sócio-históricos, sabemos que ler e escrever nas sociedades ocidentais têm sido entendidos como sinônimos de força (Graff, 1995). E, se na primeira ruptura epistemológica a aprendizagem da leitura e da escrita pôde ser identificada com controle, dominação, regulação, colonização, epistemicídio e rupturas, por outro lado ler e escrever podem tornar-se artefatos de ressignificação, democratização, superação das dicotomias criadas na racionalidade ocidental, que apartam homens e mulheres do mundo e, em última instância, ensinam nos sistemas educacionais a escrevê-lo objetivamente, distanciando-nos de interrogações fundamentais do tipo: por que escrevemos? A quem escrevemos? Como escrevemos? Onde escrevemos?

Na contramão de uma perspectiva instrumental da aprendizagem da leitura e da escrita, entendemos que, se na escola professores(as) e crianças pudessem problematizar a cidade, lê-la em sua "geografia existencial"[2] descrevendo-a, narrando-a, escrevendo-a de acordo com os diferentes sentidos (negociados na diversidade que qualquer coletivo expressa), outra

---

2. Para Milton Santos, as relações do homem com o seu espaço são relações temporais, transcendentes e criativas. Assim, a geografia existencial de uma cidade implicaria a recriação desse espaço, como o seu espaço de viver. A cultura é produzida nos lugares, as ideias são produtos da vivência do lugar (Santos, 1998). Nos lugares, as ações são solidárias, no sentido de que não são independentes, pois é nos lugares que o homem realiza seus intercâmbios, sua cultura e seus modos de vida.

experiência alfabetizadora poderia estar sendo construída. Experiência alfabetizadora que implicasse apropriar-se da palavra e dela fazer uso, não apenas de forma instrumental, mas de maneira que pudesse conjugar desejo, necessidade e responsabilidade – movimento fundamental, individual-coletivo para se enunciar/construir escolas/sociedades mais agenciadas com a vida – por exemplo, na situação concreta de uso significativo da palavra escrita:

> Tia, a gente pode escrever pra mãe do Lorran para ir na casa dele [...]. Ele faz o mapa pra gente ir, se a mãe dele deixar [...] parece que a casa dele é na rua onze, né? Depois da locadora, no começo da avenida [...] é sim, o Lorran não fez o desenho da rua dele? (fala de Yago, de 8 anos, da 1ª série, na oficina realizada em outubro de 2010)

A escola poderia ser lócus de outra experiência alfabetizadora que possibilitasse às professoras e às crianças se potencializar individual e coletivamente para decifrar os segredos da cidade. E, nesse movimento, permitir interrogar e decifrar também as *arcanas dei*, os *arcanas naturei*, os *arcanas imperii*[3] (Ginzburg, 1990), práticas de conhecimento fundamentais para a edificação de uma escola "mais perguntadeira", curiosa, sociopoética, na qual a dialética do ensinar/aprender se implicasse com/o ensinado/aprendido, sendo respaldada por um devir societário mais amplo, comprometido com a solidariedade, com a justiça, com a alteridade e com a desejada inclusão de todos(as) que habitam a cidade de São Gonçalo.

---

3. Carlo Ginzburg, em seu artigo "O alto e o baixo – O tema do conhecimento proibido nos séculos XVI e XVII" (1990), discute a questão do conhecimento e recupera a advertência contra a pretensão de se conhecer as coisas do "alto". Ginzburg refere-se a níveis diversos da realidade, mas ligados entre si: a realidade cósmica – é proibido olhar os céus, em geral os segredos da natureza (*arcana naturae*); a realidade religiosa – é proibido conhecer os segredos de Deus (*arcana Dei*); a realidade política – é proibido conhecer os segredos do poder (*arcana imperii*).

Com relação à aprendizagem da alfabetização, vimos compreendendo que aprender a ler e escrever a língua materna parece ser um dos maiores esforços de aprendizagem realizados pelos seres humanos no Ocidente. Trata-se, na verdade, de uma mudança radical na maneira como se observam e se sistematizam as experiências que nos cercam. Milhares e milhares de anos foram necessários para que se inventasse a escrita, e os povos que conseguiram criá-la e sistematizá-la sofreram transformações radicais em suas tecnologias de vida muito mais rapidamente que outros.

Segundo Lewis Morgan (*apud* Vilhena, 1995), um antropólogo evolucionista do século XIX, era possível hierarquizar três níveis evolutivos pelos quais todas as sociedades necessariamente atravessariam, e que ele denominava, respectivamente, selvageria, barbárie e civilização. A essa hierarquização ele articulava um esquema complexo em que a passagem de cada nível – ou de cada um dos níveis em que ele dividiu as duas etapas iniciais – era assinalada com precisão e nas formas dos meios de subsistência, na mentalidade e nas formas de organização social. É sintomático que a principal transformação pela qual ele identificava a passagem da fase final de barbárie para a civilização seja a emergência da escrita, mais especificamente da escrita alfabética, ocorrida plenamente na civilização grega clássica (*ibidem*, p. 68).

Anteriormente, já nas primeiras décadas do século XX, um importante antropólogo chamado Lévi-Strauss, em seu livro *Tristes trópicos*[4] desenvolveu uma reflexão sobre a maneira como se articulavam, na história da humanidade, a invenção da escrita e a emergência da dominação política e a desigualdade social, sugerindo que, "depois de terem sido eliminados todos os crité-

---

4. Neste livro, Lévi-Strauss relata sua estadia entre os nambikwara, no Mato Grosso. No capítulo intitulado "Lições de escrita", o antropólogo discute a relação do chefe nambikwara com a escrita, afirmando que ele foi, entre todos da tribo, provavelmente o único que compreendeu a função da escrita (Lévi-Strauss, 1981, p. 292).

rios propostos para fazer a distinção entre a barbárie e a civilização, retinha-se pelo menos esse: povo com ou sem escrita" (Lévi-Strauss, 1981, p. 295).

Mais recentemente, outro antropólogo, Jack Goody, em seu livro *A domesticação do pensamento selvagem* (1988), irá criticar o próprio Lévi-Strauss, que, apesar de suas especulações em torno das funções da escrita, em outros momentos de sua obra comparou a mentalidade das sociedades primitivas à da sociedade moderna, sem levar em conta essa variável. Em contrapartida, para Goody (1988), parece evidente o grande impacto que uma invenção como a escrita deve provocar nos sistemas cognitivos de um grupo social (*apud* Vilhena, 1995, p. 70).

A escrita é um produto cultural por excelência. Historicamente, pode-se dizer que a cultura escrita é uma invenção recente da humanidade. Segundo Walter Ong (1998, p. 10), estudioso da oralidade e da escrita:

> A sociedade humana primeiramente se formou com a ajuda do discurso oral, tornando-se letrada muito mais tarde em sua história, e inicialmente apenas em certos grupos. O Homo sapiens existe há cerca de 30.000-50.000 anos. O mais antigo registro escrito data de apenas 6.000 anos atrás.

Na história humana, o predomínio da linguagem oral sobre a linguagem escrita justifica-se pela primazia do discurso oral que dá sustentação a toda comunicação verbal (*ibidem*). Os seres humanos, muito antes de inventarem a escrita, já se comunicavam de inúmeras maneiras, fazendo uso de todos os seus sentidos: tato, paladar, olfato, visão, além da audição. Algumas comunicações não orais são extremamente ricas, como a gestual, por exemplo. Contudo, "num sentido mais complexo, a linguagem, o som articulado tem importância vital e não apenas a comunicação, mas o próprio pensamento está relacionado de forma absolutamente especial ao som" (*ibidem*, p. 15).

No Ocidente, a escrita alfabética – sistema ortográfico no qual os sinais gráficos representam os sons da fala – foi introduzida na Grécia e na Jônia por volta do século VIII a.C. Inicialmente, não ocorreram mudanças na cultura de tradição oral daquela sociedade (visto que o processo de difusão de um sistema escrito é demorado, levando muitas vezes séculos para que a difusão ocorra). Por esse motivo, somente nos séculos V e VI a.C. foi possível reconhecer a sociedade grega como generalizadamente escritural. É de conhecimento geral o apogeu artístico-intelectual e a expressão cultural vivida pela sociedade grega nesse período, influenciada pela difusão da escrita fonética em suas práticas culturais.

O sistema de escrita alfabético na Grécia Clássica simplificou o sistema de notações, mediatizando o vínculo entre as letras e as coisas, o que contribuiu para um processo de expansão e dessacralização da leitura.

Segundo autores como Goody e Havelock, certo tipo de pensamento racional ou crítico só pôde desenvolver-se ao se relacionar com a escrita. O alfabeto fonético grego teria desempenhado um papel fundamental quanto a isso, ao fazer que os textos "falassem" realmente, enquanto os primeiros sistemas de escrita envolviam apenas signos mnemotécnicos fáceis de decifrar (Lévy, 1993).

> [...] As formas ou os heróis da oralidade primária, projetos de aventuras marítimas, são traduzidos pela cultura alfabética grega nascente em ideias ou princípios abstratos imutáveis. Ao devir das sociedades sem escrita, que era como um rio sem bordas, um movimento sem velocidade definível, sucede-se a nova problemática do ser. Novamente, a história pode ser constituída, fruto da dialética do ser e do devir. Mas trata-se, agora, de um devir secundário, relativo ao ser, capaz de desenhar uma progressão ou um declínio. Um devir que traça uma linha aberta. (*Ibidem*, p. 95)

Na história da humanidade, a escrita, alfabética ou não, sempre significou poder, autoridade e controle. O mito grego da invenção do alfabeto é emblemático do poder da escrita: segundo a lenda, o rei Cadmo foi que introduziu as letras do alfabeto na Grécia, pois, ao matar um terrível dragão, semeou seus dentes e posteriormente deles germinaram homens armados, cada um representando uma letra do alfabeto (McLuhan, 1964, p. 101). Elias Canetti, em seu livro *Massas e poder*, recorda-nos que os dentes constituem um agente óbvio de força no homem, e, especialmente, em muitos animais. Assim, as letras são como dentes – força. Significam, segundo Canetti, agentes da ordem e precisão agressiva no processo de conquista humana no mundo ocidental (*ibidem*, p. 102).

Segundo Vygotsky (1987, p. 85), a linguagem escrita exige um alto grau de abstração. Primeiro, porque é a fala em pensamento e imagens, carecendo de qualidades musicais, expressivas e de entonação. Ao escrever, o sujeito tem de substituir as palavras por imagens de palavras, ou seja, deve simbolizar a imagem sonora da palavra em signos escritos. Segundo, porque ela é uma fala sem interlocutor direto, dirigida a uma pessoa ausente ou imaginária. Terceiro, porque, de modo geral, ao começar a aprender a escrever na escola, a criança não é desafiada e/ou estimulada a escrever as suas palavras, a sua leitura de mundo. Hegemonicamente, a cultura escrituralística escolar fundamenta-se na repetição, na reprodução da palavra alheia, sendo os exercícios cartilhados ainda uma grande expressão dessa cultura. Quarto, porque a escrita exige um trabalho consciente em relação às palavras e à sua sequência, implicando uma tradução da fala interior, que é condensada, abreviada e compactada, para a fala oral, que é extremamente detalhada.

Para Vygotsky (*ibidem*), o desenvolvimento humano é o resultado da interação entre as condições históricas e sociais e a base biológica do comportamento humano. Partindo de estruturas orgânicas elementares, formam-se novas e mais complexas funções mentais, a depender da natureza das experiências sociais a que os indivíduos se acham expostos. Para ele, autor, pensamento e linguagem são indissociáveis. O “pensamento não é expresso em palavras, mas é através delas que passa a existir. Não é só expressão que encontra na fala; encontra a sua realidade e a sua forma" (*ibidem*, p. 108). As palavras dão forma ao pensamento, passando a estruturá-lo, e este, por sua vez, precisa das palavras para se expressar, para efetivar determinado processo de comunicação. A linguagem sistematiza a experiência e serve para orientar o comportamento. Portanto, a aquisição de um sistema linguístico parece reorganizar todos os processos mentais. Por isso, a forma como as diferentes linguagens são utilizadas na interação social desempenha um papel importante na formação e organização do pensamento complexo e abstrato. Desse modo, as diferenças no processo de construção e elaboração do conhecimento devem-se, em grande parte, à diversidade de condições oferecidas pelos contextos socioculturais, e essa heterogeneidade promove aprendizagens diversas, que passam a ativar diferenciados processos de desenvolvimento.

A escrita permite uma série de ações com a linguagem, tais como planejamento, organização, leituras, releituras, ampliações, citações, revisões, correções, adequações até chegar à forma que o sujeito achar mais correta, entre outras.

Adquirir a linguagem escrita implica poder fazer usos de novas ações de pensamento; porém, é importante ressaltar que a escrita não é a única responsável por essas formas de pensar do sujeito. Luria (1990) e Oliveira (1995) observaram que a inserção no mundo do trabalho e nas práticas sociais é incisiva na diferenciação das modalidades de ação cognitiva do sujeito. O trabalho urbano, no mundo letrado, regulado por ações coletivas, e o engajamento em organizações e atividades políticas propiciam transformações cognitivas altamente diferenciadas em relação ao trabalho mecânico, que, em estruturas tradicionais, está centrado em processos isolados. Sendo assim, a apropriação da linguagem escrita, por si só, pode não "criar" novas estruturas, mas certamente propicia mudanças em qualidades cognitivas e maximização do uso de recursos mais complexos e abstratos.

> [...] as crianças da turma de alfa das professoras Ana Cristina e de Jocélia fizeram questão de assinar o nome no caderno de exposição de São Gonçalo [...]. As de Jocélia, então, queriam escrever tudo, precisava ver a Bia, ela copiava, escrevia, apagava, ela disse que era relatório dela pra professora. (fala de Verônica, orientadora educacional da escola, em junho de 2010)

Assim, todo ato de observação que nos permite reconhecer um significado pode ser considerado um ato de leitura. Há aqueles que sabem "ler a mão"; há os que leem o céu e identificam se vai chover ou não; outros leem as estrelas e o movimento dos astros, relacionando suas leituras com o comportamento e o destino das pessoas; muitos leem o corpo, sendo o comportamento uma sintaxe produzida por certa gramática corporal; outros leem os olhos do(a) outro(a), identificando a sua personalidade. Outros leem pautas musicais, identificando o tipo de som ali registrado; outros leem mapas; outros, gráficos e tabelas, com alegria e facilidade.

A escrita, em contrapartida, também implica dominar um amplo conjunto de habilidades aparentemente diferentes entre si. O ato de escrever difere do de ler porque exige do(a) escritor(a) o domínio de códigos gráficos que lhe permita transformar "uma ideia em um desenho" (Olson, 1997).

Para entendermos essa afirmação, faz-se necessária a compreensão – culturalmente construída – de que a representação de um objeto, tanto por meio de traços que nos permitam reconhecê-lo imediatamente (o desenho de um sol, por exemplo) quanto por meio do registro do nome do objeto (no caso, escrever a palavra sol), é forma de registrar, de escrever. No primeiro caso, representamos o objeto pela sua forma; no segundo, fazemo-no pela representação gráfica da sonoridade de seu nome, isto é, escrevendo as letras que representam sons, os quais, agrupados, identificam o nome do objeto representado (*ibidem*, 1997).

De qualquer forma, o fundamental é compreendermos que uma mesma experiência humana pode ser representada de diversas maneiras, e cada uma delas se caracterizaria por realçar aspectos diferenciados de um mesmo processo. Assim, se observarmos a cidade de São Gonçalo e, a partir dessa observação, escrevermos um poema, pintarmos um quadro, desenharmos o mapa da cidade, escrevermos um relatório, coletarmos um abaixo-assinado sobre as precárias condições de um bairro, ou simplesmente falarmos sobre a cidade de São Gonçalo, podemos propiciar infinitas formas de reflexão (e significados) e, para expressá-las, poderemos usar a fala, a escrita, a pintura, o desenho, a música, a fotografia, os mapas e relatórios etc.

Nessa concepção, aprender a ler e a escrever está diretamente relacionado ao próprio desenvolvimento do aprender a pensar (Vygotsky, 1987, 1989). E como são múltiplas as necessidades humanas, parecem ser igualmente múltiplos os meios, os diferentes registros semióticos que utilizamos para registrar e comunicar, a nós mesmos e aos outros, as nossas experiências.

> Tia, a gente pode fazer uma carta pro prefeito pedindo pra ele fazer uma quadra aqui na escola Nicanor. Todo mundo escreve pedindo, mais de mil cartas, vai ver que ele faz. (fala de Robson, de 12 anos, aluno do 3º ano, em uma de nossas oficinas na escola, em outubro de 2010)

A concepção de alfabetização cidadã que defendemos implica considerar que ensinar a ler e a escrever não deveria se restringir ao domínio da língua materna, mas sim ao acesso a todos os tipos de linguagens presentes em nossa cultura, isto é, a musical, a gestual, a pictórica, a cinematográfica, a teatral, a fotográfica, a cartográfica, a matemática, a não verbal e tantas outras que nos possibilitam ler e escrever o mundo em que vivemos.

POR UMA ALFABETIZAÇÃO CIDADÃ

Vimos conceituando alfabetização em seu sentido ampliado, ressignificando uma compreensão *stricto sensu* do conceito, isto é, o entendimento da alfabetização para além de habilidades mínimas, instrumentais, que possibilitam a transcrição e a codificação da linguagem escrita. Nessa possibilidade de ressignificação, o conceito (e a prática) amplia-se, transcendendo o seu conteúdo etimológico – de lidar com as letras e palavras mecanicamente, instrumentalmente, passando também a traduzir as relações das crianças das classes populares com o entorno, com a cidade, com o mundo, mediadas pela semiótica urbana (Barthes, 1985), pelo meio técnico-científico-informacional.

Assim, a alfabetização cidadã que defendemos implica um tipo de aprendizagem relacionada à aquisição de habilidades culturais, sociais, políticas, técnicas e estéticas, e não apenas aquelas relacionadas à aprendizagem da leitura e da escrita de um código alfabético. Uma alfabetização cidadã, mais do que a aprendizagem da leitura e da escrita como habilidades técnicas de apropriação de um código, resultaria de processos político-culturais, coletivos, preocupados em complexificar os modos hegemônicos de pensar/olhar, de significar a realidade social, sobretudo a cidade, praticando-a em outro paradigma estético (Guattari, 1993).

Para esse autor, esse outro paradigma, denominado por ele ecosófico[5] (Guattari, 1990), ao articular ético-político e esteticamente os três registros da existência humana (o do meio ambiente, o das relações sociais e o da subjetividade humana), mobiliza-nos a aprender a pensar transversalmente as interações entre ecossistemas, mecanosfera e universos de referências sociais e individuais.

Segundo Guattari, a humanidade e a biosfera coabitam, e o futuro de uma e outra é igualmente tributário da mecanosfera

---

5. Em seu livro *As três ecologias* (1990), Guattari define a ecosofia como a articulação dos três registros ecológicos da existência humana (o do meio ambiente, o das relações sociais e o da subjetividade). A *ecosofia* não tem a pretensão de englobar todos esses aspectos ecológicos heterogêneos numa mesma ideologia totalizante, mas, ao contrário, tenta indicar a perspectiva dessa escolha ético-política de diversidade, do dissenso criador, da responsabilidade diante da diferença e da alteridade.

que as envolve. Isso quer dizer que não se pode esperar recompor um planeta humanamente habitável sem a (re)invenção dos objetivos econômicos e produtivos de agenciamentos urbanos e de políticas sociais, culturais, artísticas e mentais.

A cidade subjetiva para Guattari (1993, p. 170) é de longe um problema-encruzilhada de todas as apostas políticas, econômicas, sociais, ecológicas e culturais, já que nela se produz o destino da humanidade, suas emancipações e segregações, a partir das elites dirigentes, o futuro das inovações sociais, a criação em todos os domínios da vida humana e, sobretudo, vida urbana.

Se reconhecermos que as cidades são imensas máquinas – *megamáquinas*, para retomar uma expressão de Mumford (1965) –, podemos também reconhecer a sua capacidade produtora de subjetividade individual e coletiva.

Nesse sentido, para Guattari, o que conta para as cidades de hoje é menos os seus aspectos de infraestrutura, de comunicação e de serviço do que o fato de engendrarem, por meio de equipamentos materiais e imateriais, a existência humana sob todos os aspectos em que se queira considerá-las. Continuando o diálogo com esse autor, ele nos mostra (Guattari, 1993) que a organização material das cidades e os personagens do espaço urbano são máquinas enunciadoras. Geram um discurso que nos atravessa, manipulam em nós impulsos cognitivos e afetivos, produzindo, portanto, subjetividades.

Os processos de subjetivação numa cidade são complexos; remetem não apenas à morfologia da cidade, à sua materialidade, mas especialmente à *habitabilidade* (Ferrara, 1998) que gera (ou não) em seu espaço praticado cotidiano.

Por essa razão, entendemos que é urgente que todas as forças sociais preocupadas com processos de subjetivação não capitalistas possam somar esforços para a edificação de outra cultura urbana, permeada por um novo *ethos* de convivialidade social, que, implicado com uma política de *direitos à cidade*, possa fortalecer as relações ecosóficas entre os(as) habitantes na e com a cidade.

Segundo Guattari (1990), as relações ecosóficas deveriam traduzir-se em práticas éticas, políticas e estéticas, que poderiam substituir as antigas formas de engajamento religioso, político, associativo. As práticas ecosóficas traduziriam um movimento de múltiplas faces, dando lugar a instâncias e dispositivos ao mesmo tempo analíticos e produtores de subjetividade. As relações ecosóficas encarnariam novas práticas sociais, novas práticas estéticas, sendo:

> novas práticas de si na relação com o outro, com o estrangeiro, com o estranho: todo um programa que parecerá bem distante das urgências do momento! E, no entanto, é exatamente na articulação da subjetividade em estado nascente, do socius em estado mutante, do meio ambiente no ponto em que pode ser reinventado, que estará em jogo a saída das crises maiores de nossa época. (*Ibidem*, p. 55)

Em nossa concepção, a escola pública, por ser um espaço estruturante do bairro e da cidade, ao assumir seu caráter educativo ampliado, pode comprometer diferentes instâncias societárias com práticas ecosóficas relacionadas a outra cultura urbana, que, agenciada por uma alfabetização cidadã, não abdique de ensinar a ler a cidade, de problematizá-la com um texto aberto, complexo, cuja leitura é fundamental de ser realizada com os sujeitos escolares.

Os espaços escolares já vêm transbordando da necessidade de interagir na imensa *texturologia* que a cidade estende diante dos olhos dos atores escolares; texturologia que realça os múltiplos signos da cidade, que dá relevo aos sentidos da metrópole e que, inúmeras vezes, nos seduz com suas linguagens, cantos de sereia que atraem para labirintos. A cidade, enquanto texto ou texturologia, é feita de "escritas múltiplas saídas de várias culturas e que entram umas com as outras em diálogo, em paródia, em contestação" (Barthes, 1985, p. 59).

A texturologia da cidade não é a imagem de um organismo que cresce por expansão vital, por "desenvolvimento", mas a de uma rede que, paradoxalmente, apreende "os instantâneos culturais que focalizam a cidade como organismo vivo, mutante e ágil para agasalhar as relações sociais que a caracterizam" (Ferrara, 1988, p. 4). A texturologia da cidade engloba a cidade concreta e simbólica, que hibridiza lugar e metáfora, produzindo uma cartografia dinâmica, tensão entre racionalidade geométrica e emaranhado de existências humanas (Gomes, 1994).

Em nosso longo e cuidadoso trabalho de pesquisa, vimos compreendendo que a texturologia da cidade gonçalense se revela em labirintos de ruas, de espaços encharcados de textos, uma rede de significados móveis, que dificulta sua legibilidade e exige aprendizagem. Uma texturologia que nos exige a ampliação do campo perceptivo (Barthes, 1985) para ser enxergada, para poder ser reparada e lida.

Apesar de a cidade contemporânea ser o reino da abundância de fluxos, da proliferação de signos; espaço da experiência social e intelectual, de sua texturologia estar disponível aos citadinos, enxergar sua legibilidade não é uma habilidade natural, inerente à condição humana.

O fato de o contexto urbano apresentar-se como um aglomerado de signos – formas, traços, cores, texturas, sons, cheiros, ao mesmo tempo e paradoxalmente juntos e dispersos, visto que não há convenção que os organize (Ferrara, 1988) – exige toda uma aprendizagem que nos faça repará-lo, e, ao repará-lo, lê-lo, interrogando-o.

O hábito da habitabilidade (*ibidem*) da cidade reforça a sua unidade e igualdade de sua imagem, condenada a uma inexorável mudez. Esse signo sem linguagem (*ibidem*) traz a impossibilidade de sua percepção imediata, visto que nada o faz perceptível. Quando falamos em percepção da cidade, estamos paradoxalmente nos referindo a algo que não se faz perceber em virtude da baixa definição da linguagem que envolve seus signos. Um sistema sígnico é tão mais complexo quanto mais difusa a definição de sua estrutura. Assim sendo, o contexto urbano é global e unitário, uma fala sem voz, porque é marcada pela ausência de destinação dos elementos que a caracterizam.

Entretanto, e apesar disso, a percepção urbana é condição indispensável para que a cidade atue enquanto fonte de informação permanente. No contexto urbano, a poesia de Bertold Brecht (1996) poderia ser usada como uma moldura: sob o familiar, descubram o insólito. Sob o cotidiano, desvelem o inexplicável. Que tudo que é considerado habitual provoque inquietação.

Assim, é necessário aprender a ler a cidade, dilatar sua legibilidade pela complexificação dos modos de olhar, pela educação de um olhar que, ao compreender, possa enxergar, e ver.

Portanto, aprender a olhar poderia ser o centro de uma nova epistemologia da visão que, segundo Santos (2000), deveria ser central na emergência de uma nova atitude epistemológica tanto na escola quanto fora dela.

Essa nova atitude epistemológica não poderia prescindir da escola, pois, embora possa ser aprendida e ensinada em outros espaços/tempos onde se materializam as práticas sociais, considero a escola (ainda) um lócus privilegiado para a aprendizagem e o partilhamento de significados culturais vinculados à complexificação do conhecimento, dos processos sociais, dos valores societários agenciados com uma vida democrática.

CONSIDERAÇÕES FINAIS

Em nossos trabalhos de Ensino, Pesquisa e Extensão, vimos pensando a escola enquanto espaço/tempo tensionado pela multiplicidade das crises (paradigmática, política, axiológica, ecosófica, num sentido mais amplo e interdependente), que não deveria abrir mão de uma reflexão coletiva sobre a atitude epistemológica necessária para interrogar, compreender, transformar e, sobretudo, viver nesse "admirável mundo novo", cujos sinais de sua edificação já produzem tanto estranhamento e desassossego na vida cotidiana.

Nessa concepção, a escola, mesmo premida pelas urgências contemporâneas e tensionada pelos diferentes interesses em seu interior, poderia tomar para o seu coletivo o trabalho e o risco de pensar sobre o pensamento hegemônico, problematizando a questão do olhar como pretexto para outra atitude epistemológica. Uma atitude que não somente pudesse decifrar a texturologia da cidade, mas que, principalmente, interrogasse essa texturologia, desnaturalizando-a, estabelecendo conexões entre os diferentes textos presentes na cidade, construindo mapas cognitivos, estilos de pensamento que, mais complexos, pudessem combater as simplificações, as disjunções, os fracionamentos e as hierarquizações clássicas herdadas do pensamento cartesiano ainda hegemônico no mundo da vida e da escola.

Ressaltamos que a escola, ao tomar intencionalmente para si o desafio da construção de outra atitude epistemológica, poderia, ao problematizar a questão do olhar, deflagrar um processo intenso de discussão sobre a própria natureza do conhecimento e da escola, da cultura e da sociedade, reaproximando a tradição humanista e colocando a questão do mundo em diálogo. Outra atitude epistemológica que, ao problematizar o nosso olhar sobre o mundo, problematizaria ciência e senso comum, para reaproximá-los (Santos, 1995), apostando no movimento de constituição de um novo senso comum, "ético porque solidário, estético porque reencantado, político porque participativo" (*ibidem*).

E, se olhar pode ser muito mais que ver, outra atitude epistemológica deveria, ao tensionar a perspectiva de mundo das pessoas, os pontos de vista dos diferentes atores escolares, compreender que o olhar nada mais é que o resultado de uma empreitada de desvendamento de quem lê o mundo por meio da cultura. Cultura pensada no sentido antropológico como uma lente por meio da qual homens e mulheres atribuem sentidos às coisas e a si próprios (Laraia, 1995).

A rede escolar pública em São Gonçalo, atravessada pelos devires de tempos e espaços complexos, tal como se apresenta o mundo no cenário contemporâneo, especialmente nas metrópoles densamente povoadas desse início de milênio, já busca reconhecer e interagir com as outras instituições e práticas socioeducativas em curso na cidade. Assistimos hoje, pelo menos no discurso pedagógico oficial, que o conceito *stricto sensu* de educação escolar está se redefinindo para uma concepção de educação ampliada, que não só incorpora, mas transcende os espaços e os tempos de uma cultura estritamente escolar (Tavares, 2003).

A constatação de que a escola é cada vez mais uma das inúmeras agências de socialização e transmissão de conhecimentos, e que problemas como o fracasso escolar e a violência na escola, por exemplo, não podem ser nem entendidos nem superados levando-se em conta apenas as chamadas "variáveis intraescolares", apesar de já unânime nos discursos pedagógicos brasileiros, ainda é um grande desafio, uma aprendizagem coletiva a ser materializada em seu cotidiano.

Apesar de sabermos que o processo educativo não acontece apenas nos bancos escolares, e que a dinâmica urbana como um todo é sempre educativa, formadora ou não de novos padrões de sociabilidade, a realidade social e política da cidade de São Gonçalo, em seu viés privatista e pouco democratizante, ainda dificulta em muito a discussão e a própria identificação de uma cultura urbana compromissada com valores de integração, de responsabilidade política, somente possível pela ampliação da esfera pública e construção de uma cultura política de direitos, em face da histórica cultura de favor (ou de privilégios) residual na cidade.

Assim, a complexa realidade escolar de São Gonçalo vem inspirando e justificando nossa trajetória de mais de uma década de pesquisa, na qual a expectativa de contribuir para a produção de outras ferramentas teórico-conceituais que possam potencializar práticas alfabetizadoras, aliadas à cidadania, anima e atualiza o meu compromisso investigativo. É tal compromisso que me impele a dar corpo e sentido à busca cotidiana de ultrapassagem às naturalizações positivistas que teimosamente ainda me atravessam, e que dificultam o trabalho com a tríade escola/cidade/alfabetização.

Nessa perspectiva, o "ambiente alfabetizador" que a cidade oferece, e que, apesar de invadir a sala de aula, de modo geral ainda é interditado ou esvaziado de potência, deveria ser um pretexto indiciário para a construção de uma alfabetização cidadã que, ao compreender a centralidade da cidade na humanização dos sujeitos contemporâneos, apostasse nos seus conteúdos alfabetizadores, tornando-os também matéria-prima das práticas de leitura e escrita instituídas no cotidiano escolar.

Em nosso longo trabalho de pesquisa, ler a cidade com "os pequenos" implica estabelecer sentido(s), buscando para além e aquém do significado latente, emergente, possível. Implica (re)conhecer nos espaços praticados, vividos pelas crianças, a multiplicidade de redes que engendram as cidades (in)visíveis nas quais nos alfabetizamos.

Ancorada no "dilema de Hermes" (Canevacci, 1993), que busca numa inversão metodológica tornar familiar o que é estranho e estranho o que é familiar, é que venho pesquisando as possibilidades epistemológicas da cidade e suas repercussões no mundo da escola. O objetivo é o de entender que é justamente na cidade polifônica, transitando na vasta paisagem urbana das letras, se esquivando da/na texturologia da cidade, que os sujeitos escolares contemporâneos poderão (re)criar experiências alfabetizadoras emancipatórias – emancipatórias porque são vinculadas ao desejo e à própria vida. Portanto, para a rede escolar não é suficiente ensinar na cidade; é preciso ensinar a cidade, aprender coletivamente a lê-la como um texto, uma obra em aberto que se oferece – decifra-me e/ou devoro-te[6] aos seus habitantes: escribas/leitores.

---

6. O *decifra-me ou devoro-te* pode ser identificado na tensão do imaginário urbano já presente nas antigas mitologias humanas. O mito grego da esfinge (figura mitológica que ficava à porta das muralhas de Tebas) como uma guardiã da cidade, controladora do acesso de estrangeiros a ela, pela resolução de um enigma, é emblemático do mito devorador das metrópoles no imaginário humano.

Referências

Almeida, M. J. *Imagens e sons: a nova cultura oral.* São Paulo: Cortez, 1994.

Barthes, R. *A aventura semiológica.* Lisboa: Edições 70, 1985.

Benjamin, W. *Rua de mão única - Obras escolhidas III.* São Paulo: Brasiliense, 1993.

Brecht, B. *Poemas 1913-1956.* São Paulo: Ed. 34, 1996.

Canclini, N. G. *Culturas híbridas: estratégias para entrar e sair da modernidade.* São Paulo: Edusp, 1997.

Canetti, E. *Massas e poder.* Brasília: Ed. da UnB/Melhoramento, 1981.

Canevacci, M. *A cidade polifônica: ensaio sobre a antropologia da comunicação urbana.* São Paulo: Studio Nobel, 1993.

Certeau, M. de. *A invenção do cotidiano.* Petrópolis: Vozes, 1994.

Ferrara, L. "As máscaras da cidade". *Revista da USP*, n. 5, São Paulo, 1988.

Freire, P. *Pedagogia do oprimido.* Rio de Janeiro: Paz e Terra, 1979.

______. *A importância do ato de ler: em três artigos que se completam.* São Paulo: Cortez, 1986.

______. *Educação na cidade.* São Paulo: Cortez, 1990.

______. *Pedagogia da esperança.* São Paulo: Paz e Terra, 1993.

Freire, P.; Macedo, D. *Alfabetização: leitura do mundo, leitura da palavra.* São Paulo: Paz e Terra, 1990.

Ginzburg, C. *Mitos, emblemas e sinais.* São Paulo: Companhia das Letras, 1990.

Gomes, R, C. *Todas as cidades, a cidade: literatura e experiência urbana.* Rio de Janeiro: Rocco, 1994.

Goody, J. *A domesticação do pensamento selvagem.* Lisboa: Presença Editora, 1988.

Graff, H. *Os labirintos da alfabetização: reflexões sobre o passado e o presente da alfabetização.* Porto Alegre: Artes Médicas, 1995.

Guattari, F. *As três ecologias.* São Paulo: Papiros, 1990.

______. *Caosmose: um novo paradigma estético.* Rio de Janeiro: Ed. 34, 1993.

Gutierrez, F. *Linguagem total: uma pedagogia dos meios de comunicação.* São Paulo: Summus, 1978.

Havelock, E. *A revolução da escrita na Grécia e suas consequências culturais.* Rio de Janeiro: Paz e Terra, 1996.

Laraia, R. de B. *Cultura: um conceito antropológico.* Rio de Janeiro: Zahar, 1986.

Lévy, P. *As tecnologias de inteligência: o futuro do pensamento na era da informática.* São Paulo: Ed. 34, 1993.

Lévi-Strauss, C. *Tristes tópicos.* Lisboa: Edições 70, 1981.

Luria, A. R. *Desenvolvimento cognitivo: seus fundamentos culturais e novais.* São Paulo: Ícone, 1990.

MACHADO, M. S. K. O imaginário urbano. In: BRESCIANNE, M. E.(org.). *Palavras da cidade*. Porto Alegre: Ed. da UFRGS, 2002.

MARTÍN-BARBERO, J. *Nuevos regímenes de visualidad y des-centramientos culturales*. Colômbia: 1996, mimeo.

______. *Os exercícios do ver: hegemonia audiovisual e ficção televisiva*. São Paulo: Ed. Senac, 2001.

MCLUHAN, M. *Os meios de comunicação como extensões do homem*. São Paulo: Cultrix, 1964.

MUMFORD, L. *A cidade na história: suas origens, transformações e perspectivas*. São Paulo: Martins Fontes, 1965.

OLIVEIRA, M. K. "Letramento, cultura, modalidades de pensamento". In: KLEIMAN, A. (org.). *Os significados do letramento*. Campinas: Mercado das Letras, 1995.

OLSON, D. *O mundo no papel*. São Paulo: Ática, 1997.

ONG, W. *Oralidade e cultura escrita*. São Paulo: Papirus, 1998.

SANTOS, B. *Pela mão de Alice: o social e o político na pós-modernidade*. Porto: Afrontamento, 1995.

______. *Reinventar a democracia*. Lisboa: Gradiva, 1998.

______. *A crítica da razão indolente: contra o desperdício de experiência*. Porto: Afrontamentos, 2000.

SANTOS, M. *O espaço do cidadão*. São Paulo: Nobel, 1996.

______. *Técnica, espaço, tempo: globalização e meio técnico-científico informacional*. São Paulo: Hucitec, 1997.

______. *A natureza do Espaço: técnica e tempo, razão e emoção*. São Paulo: Hucitec, 1998.

______. *Por uma outra globalização: do pensamento único à consciência universal*. Rio de Janeiro: Record, 2000.

SARLO, B. *Cenas da vida pós-moderna: intelectuais, arte e videocultura*. Rio de Janeiro: Ed. da UFRJ, 2000.

TAVARES, M. T. G. *Os pequenos e a cidade: o papel da escola na construção de uma alfabetização cidadã*. Tese de doutorado do Programa de Pós-Graduação em Educação, UFRJ, Rio de Janeiro, 2003, mimeo.

______. "Os 'pequenos' e a cidade: o papel da escola na construção do direito à cidade". In: SANTOS, M. G. (org.). *Estudos ambientais em regiões metropolitanas: São Gonçalo*. Rio de Janeiro: Ed. Uerj, 2012.

VILHENA, L. R. *Leitura e práticas leitores em sociedade*. Rio de Janeiro: 1995, mimeo.

VYGOTSKY, L. S. *Pensamento e linguagem*. São Paulo: Martins Fontes, 1987.

______. *A formação social da mente*. São Paulo: Martins Fontes, 1989.

5 Entre narrativas e experiências investigativas: entrecruzando fios de histórias

Mairce da Silva Araújo
Simone Ribeiro Barros André

OS PONTOS DE PARTIDA DO DIÁLOGO

> Se quiser falar ao coração dos homens há que se contar uma história. Dessas onde não faltem animais, ou deuses e muita fantasia. Porque é assim – suave e docemente – que se despertam consciências.
> (Jean de La Fontaine)

ACREDITANDO QUE O ATO de educar também requer "falar ao coração de homens e mulheres", sejam crianças, jovens ou adultos, temos encontrado, na prática milenar da contação de histórias, caminhos férteis para orientar nossas ações investigativas.

A arte de narrar histórias acompanha a humanidade desde tempos imemoriais, propiciando a troca de experiências e conhecimentos. Como modos de compreensão do mundo, os diferentes planos de realidade que constituem as culturas – religião, educação, ética e política – foram e são expressos em narrativas ao longo da trajetória humana. As investigações sobre suas diferentes vertentes – sejam narrativas literárias, sejam mitológicas, sejam populares ou aquelas autorais – reiteram a importância do entrecruzamento entre experiências e narrativas, como espaço de recriação.

Nosso encontro como professoras-pesquisadoras, vivendo a relação dialógica orientadora-orientanda, aconteceu no "Mestrado em Educação: processos formativos e desigualdades sociais", revelando uma confluência de caminhos em nossas trajetórias, que passava pelo exercício docente na sala de aula e pela prática da contação de histórias.

Assim, para uma das autoras, professora da universidade, comprometida com a formação inicial e continuada de professores(as) alfabetizadores(as) da escola básica, a prática de contar histórias inspirou a produção de caminhos investigativo-formativos voltados para a produção de práticas alfabetizadoras que, fundadas na perspectiva freiriana, possam contribuir para que docentes e crianças, num exercício de tradução da leitura e da escrita de mundo para a leitura e escrita da palavra, vivenciem o processo de alfabetização como um movimento de ler e escrever suas *palavrasmundo*.

Para outra autora, professora da escola básica e "contadora de histórias", a prática da "contação de histórias", que surge no período da graduação na faculdade de Letras e dá origem ao grupo Escuta Só, produziu as indagações que a impulsionaram a debruçar-se sobre a formação do(a) contador(a) de histórias, com base na necessidade de ampliar a compreensão sobre sua própria ação de contadora de história e de professora de literatura e língua portuguesa.

Fortalecidas em nossas afinidades e interesses investigativos e assumindo os labirintos por onde nossas pesquisas nos conduziram, trazemos algumas reflexões que tais processos têm nos possibilitado.

CONTEXTUALIZANDO AS PESQUISAS

A primeira pesquisa, que tem como temática "Alfabetização, memória e formação de professores: entrelaçando práticas e saberes no diálogo com a escola básica", é um desdobramento de ações investigativas realizadas desde 2004 na Faculdade de Formação de Professores da Uerj. Articulada ao Núcleo de Pesquisa e Extensão: Vozes da Educação – História e Memória das Escolas de São

Gonçalo, no momento atual, a pesquisa conta com o financiamento da Faperj, pelo edital "Apoio à melhoria do ensino na escola pública".

Durante esse período, temos construído parcerias com diferentes escolas da rede pública de São Gonçalo e socializado as nossas discussões em diversos espaços acadêmicos. Concebemos, em nossas investigações, o cotidiano escolar como espaço-tempo de tensão entre conhecimentos e práticas de regulação e emancipação (Santos, 2006) e, também, como *locus* privilegiado de circulação e resgate de saberes, histórias e memórias, bem como de preservação e (re)criação da cultura local.

A investigação tem como objetivos centrais contribuir para o fortalecimento de novas práticas de leitura e escrita na escola e favorecer um movimento de reflexão dos(as) professores(as) acerca de sua própria prática, exercitando a dimensão pesquisadora da natureza docente, no sentido dado por Freire (1996).

Por meio de "oficinas da memória", convidamos professoras alfabetizadoras das escolas parceiras a compartilhar conosco, professoras da universidade e futuras professoras da escola básica, suas experiências docentes e refletir sobre elas. Nesse sentido, configurando-se como espaços de reflexão sobre a própria prática, as oficinas mobilizam a (auto)formação, instigando a percepção de que há um "investigador em cada um de nós" (Josso, 2002) e o autorreconhecimento da professora como pesquisadora.

Assim, as oficinas da memória têm se constituído para nós um instrumento metodológico que permite conhecer e produzir *com* a comunidade escolar. Como afirmam Paviani e Fontana, "numa oficina ocorrem apropriação, construção e produção de conhecimentos teóricos e práticos, de forma ativa e reflexiva" (Paviani e Fontana, 2009, p. 78), favorecendo uma apropriação coletiva de saberes.

De forma geral, as oficinas acontecem nas escolas, quinzenal ou mensalmente, com uma duração de duas horas, num calendário acordado previamente, dentro do horário reservado pela Secretaria de Educação de São Gonçalo como centro de estudos.

Tal dinâmica vem sendo desenvolvida de forma mais sistemática com duas escolas da rede: E. M. Raul Veiga e E. M. Profª. Zulmira M. N. Ribeiro.

Com o objetivo de "criar um clima" favorável ao compartilhamento das experiências na condução das oficinas, a recomendação de La Fontaine com a qual abrimos nosso artigo tem sido uma fonte de inspiração.

A segunda pesquisa, intitulada "O que narram os contadores de histórias: memórias, histórias e práticas", foi desenvolvida no âmbito do Programa de Pós-Graduação em Educação da Faculdade de Formação de Professores da Uerj, como projeto de dissertação de mestrado concluído e defendido em maio de 2012. Tal investigação surgiu da percepção de que a narrativa literária se constituía como parte orgânica dos caminhos trilhados por nós em diversos espaços: como professora de literatura, discutindo as correntes estéticas literárias com os(as) alunos(as) e como contadora de histórias. Fazendo um breve resgate da trajetória que nos levou à pesquisa, retomamos a graduação na faculdade de Letras (português/literaturas) e a participação como bolsista do Programa de Leitura da Uerj (LER-Uerj), que deu início à trajetória como contadora de histórias[1].

A atuação como agente de leitura no Programa LER-Uerj, que incluía a contação de histórias e a elaboração de práticas e dinamizações de leitura, foi apaixonante, principalmente por ser realizada nos mais variados locais, tais como: abrigos de crianças – Casa de Leilá e Casa da Criança, Criam –, instituição para menores infratores de São Gonçalo, Maternidade Leila Diniz, Hospital Pedro Ernesto e ainda o Morro dos Macacos, no Alto Simão.

---

1. Os encontros semanais do projeto, nos anos de 1999 e 2000, trouxeram uma relação com a literatura e leitura que se espalhava pela vida, em espaços que iam além da biblioteca e das salas de aula. Em todo lugar levava-se uma história, uma poesia, um conto, e essa era a forma de aproximação com o outro, de suas aflições, de suas alegrias, de suas superações. A realidade com a qual nos deparávamos era muitas vezes dolorosa.

Por outro lado, havia algo de mágico também naqueles encontros: uma espécie de *liturgia cotidiana* nas nossas trocas literárias, menos pela canonização das obras e mais pela experiência viva dos sentidos. Essa sensação foi intensa a tal ponto que, dessa experiência no programa, surgiu o grupo Escuta Só – Contadores de Histórias[2], em atuação desde 1999, como forma de desenvolver atividades para além do vínculo com a universidade, procurando incentivar a leitura e criar espaços de troca em ambientes diversos.

Se a literatura, a narrativa e a oralidade, como mediação de leituras, têm nos acompanhado desde então, o interesse particular na pesquisa sobre os contadores de histórias emergiu quando a demanda do grupo em ministrar oficinas de contação de histórias aumentou, remexendo antigas inquietações quanto à prática. Tornou-se necessário rever alguns conceitos que o grupo vinha afirmando ao longo dos anos de trabalho.

Outras inquietações também foram motivadoras da pesquisa: a experiência como professora instigava à percepção sobre os encontros com a literatura e a contação de histórias enquanto mediação e fruição, como acervos que dialogavam entre si, propiciando outros olhares para a prática. Na interseção entre minhas ações como professora, como contadora de histórias e como pesquisadora é que fui tecendo minhas reflexões. Tais reflexões trouxeram outras perguntas que orientaram a pesquisa do mestrado, sendo sintetizadas pela questão: o que narram os contadores de histórias sobre suas práticas?

Na pesquisa, foram entrevistados três contadores de histórias de diferentes gerações, cujas contribuições na formação de outros contadores, especialmente no Rio de Janeiro, têm um reconhecimento no campo da contação de histórias: Benita Prieto, Gregório Filho e Daniele Ramalho.

---

2. Site do Escuta Só – Contadores de Histórias: <www.escuta-so.blogspot.com>. Acesso em: 4 set. 2009.

O QUE É A CONTAÇÃO DE HISTÓRIAS? UM BREVE RESGATE

Contar histórias nunca é uma opção ingênua.
É uma maneira de olhar o mundo.
(Celso Sisto, 2001, p. 40)

Entender, dialogar com as experiências d(as) contadores(as) de histórias levou-nos a buscar um breve resgate da prática de contação de história nas últimas décadas.

Benjamin faz-nos pensar sobre os rumos dessa história ao denunciar "a extinção da arte de narrar" (Benjamin, 1994), desvelando o silenciamento que vai sendo imposto a toda uma geração, condicionada às marcas e aos horrores da guerra que, somados à extinção dos processos de produção artesanais, emudeceram as vozes das experiências.

Desde a Segunda Guerra Mundial, os(as) narradores(as) viveram tais silenciamentos entre as ações e contradições do início do século XX. Porém, a partir da década de 1960, os movimentos sociais trouxeram como possibilidade a retomada da palavra. Patrini (2005) relaciona a retomada do conto como prática oral na França à força de expressão que emergiu do maio de 1968. O movimento da juventude, que não fora restrito àquele país e disseminou ações em diversas partes do mundo, é identificado como uma reação contra o *status quo*, em prol da luta pela liberdade de expressão e escolhas. No Brasil, mesmo com a dura condição de censura, a arte também serviu como instrumento para a expressão de protesto.

O movimento intitulado "Renovação do Conto" (*ibidem*), embasado pelo objetivo de dessacralizar a palavra escrita e retomar a palavra popular, faz ressurgir o contador de histórias na França. No Brasil, a retomada – tal como ela se apresenta hoje – chegou um pouco mais tarde, em meados da década de 1980, quando os grupos de contadores de histórias começaram a se disseminar (Matos, 2005).

A expressão "prática social do reconto"[3], que vai tomando corpo nos últimos anos tanto no Brasil quanto no mundo, diz respeito não apenas às sociedades das culturas de tradição orais, mas também às sociedades de cultura escrita. Deixa de ser representativa apenas do interior, dos campos, ou dos locais em que a oralidade se faz mais presente, e passa a participar das condições de vida das grandes cidades. A prática social do reconto inclui a escolha do repertório, estudo do texto ou da história a ser contada, o encontro com o público e a possibilidade de ser realizada em diferentes espaços e por diferentes pessoas.

A discussão sobre "a extinção da arte de narrar" sob a perspectiva benjaminiana, na atualidade, contudo, pressupõe outras reflexões. Não podemos desconsiderar as diversas formas de narrar que, a todo momento, encontramos: na televisão, com novelas e minisséries; nos cinemas, com filmes; nos livros; nos teatros. Porém, nesses casos, a narrativa continuaria sendo a forma de o homem buscar a compreensão e expressão do mundo, de seu tempo, de suas crenças e valores?

Apesar de se fazer presentes, as narrativas, agora mediadas por novos suportes – vide as múltiplas linguagens midiáticas que reproduzem imagens –, muitas vezes parecem distantes da experiência concreta, daquilo que poderíamos apresentar como uma leitura crítica do mundo. Como exemplo, temos os sonhos de consumo que, a todo momento, nos são vendidos, pressupondo uma atitude passiva do espectador. Quantas dessas imagens são apropriadas como verdades?

Sobre o uso excessivo de imagens como provocador de uma hipertrofia da leitura, alertou-nos Certeau (1994, p. 48):

---

3. Apesar de a expressão "reconto" representar uma tradução da palavra francesa, optamos por ela, por conter prática de reescritura e significação das histórias realizadas pelos novos narradores.

> Da televisão ao jornal, da publicidade a todas as epifanias mercadológicas, a nossa sociedade canceriza a vista, mede toda a realidade por sua capacidade de mostrar ou de se mostrar e transforma as comunicações em viagens do olhar. É uma epopeia do olho e da pulsão de ler. Até a economia, transformada em "semiocracia", fomenta uma hipertrofia da leitura. O binômio produção-consumo poderia ser substituído por seu equivalente geral: escritura-leitura. A leitura (da imagem ou do texto) parece aliás constituir o ponto máximo da passividade que caracterizaria o consumidor, constituído em voyeur (troglodita ou nômade) em uma "sociedade do espetáculo".

Essa pulsão de ler nos obriga, a todo momento, a incorporar tais imagens como significados do real. Porém, uma leitura mais crítica possibilita questões: quais sonhos, que não os de consumo, a sociedade prepara para si? Quais imagens, que não aquelas consumidas em propagandas, em TVs estão sendo assimiladas como verdades?

No mundo do espetáculo, em que o real se converte em imagem e a imagem se torna real (Debord, 1997), espera-se como resposta um humano hipnótico. Daí a importância destacada por Certeau (1994) de, para resistir à hipertrofia da leitura, ser necessária uma articulação entre leitura-escritura.

Acreditamos que é nesse momento que a ação do contador de histórias colabora para uma prática de resistência, trazendo à tona a comunicação direta com o leitor, recriando significados e contextualizando-os no ato da narração oral. Nesse encontro, cabe aos ouvintes a recriação de imagens próprias no ato da narração e, dessa forma, as narrativas compartilhadas passam a estar relacionadas diretamente às experiências próprias de cada um, seja ouvinte ou narrador. Essa mediação, possibilitada pela narração de histórias, engendra uma leitura ativa, quando os sentidos produzidos são também uma forma de escritura.

O retorno à narração, preconizada por Benjamin (1994), traz a palavra como fonte de sentidos e propicia, no encontro dos olhares trocados entre os narradores e o público, a partilha da experiência, comportando construções simbólicas. Concordando com Diniz (2011, p. 45):

> Contar uma história, para mim, é sempre um exercício em liberdade. [...] Estar diante do outro e falar para o outro do outro que habita em si é o grande gesto político, artístico e ético que um contador de histórias pode fazer num mundo de descasos e banalizações.

AS PESQUISAS EM MOVIMENTO: INTERCAMBIANDO EXPERIÊNCIAS COM A CONTAÇÃO DE HISTÓRIAS

Tendo como fio condutor do diálogo entre nossas pesquisas as experiências formativas possibilitadas a partir da contação de histórias, trazemos a seguir dois recortes de momentos vividos no processo investigativo que a nosso ver reafirmam a potencialidade da prática narrativa como espaço de formação e autoformação.

PRIMEIRO FLASH

> – O que é uma memória?
> perguntou Guilherme Augusto.
> Ele vivia fazendo perguntas.
> – É algo de que você se lembre,
> respondeu o pai.
> Mas, Guilherme Augusto
> queria saber mais
> (Men Fox, 1995)

Buscando fortalecer o diálogo entre as experiências de (auto) formação entre professoras em formação inicial e professoras em formação continuada, propusemos em um dos encontros na E. M. Prof[a]. Zulmira M. N. Ribeiro, em 2011, uma oficina da memória[4]. A oficina contou com a participação de oito professoras da escola, que atuam na alfabetização (1º, 2º e 3º anos de escolaridade), dentro do horário do centro de estudos.

A disposição dos(as) participantes em círculo, relembrando que desde os tempos mais remotos homens e mulheres se reúnem em roda para ouvir e contar histórias, pois em torno da roda a humanidade compartilhou saberes, planejou conquistas, avaliou derrotas e tem marcado nosso primeiro momento de oficina. Para nós, o sentar-se em círculo, além de favorecer a horizontalidade nas relações universidade-escola, "[...] induz e conduz à produção do conhecimento – não um conhecimento qualquer, mas daquele que se registra, se elabora, se alicerça, se amplia e se reconstrói" (Warschauer, 1993, p. 18).

A leitura do livro *Guilherme Augusto de Araújo Fernandes* (Fox, 1995) foi o dispositivo do qual nos valemos para criar um ambiente propício ao *intercâmbio de experiências*. Trata-se da história de um menino que morava ao lado de um asilo e era amigo de seus moradores, mas em especial de dona Antônia, que havia perdido a memória. Interessado em ajudá-la, indaga aos moradores do asilo o que é memória, e descobre que é algo antigo, que faz chorar, que faz rir, que vale ouro e é quente. A partir das respostas, Guilherme organiza, numa cesta, objetos significativos para ele e leva para dona Antônia, que recobra as lembranças perdidas.

Sensibilizadas pela narrativa do livro, professoras da escola e futuras professoras foram convidadas a compartilhar suas memórias quentes, antigas, alegres, tristes, de ouro a partir de objetos selecionados em suas próprias bolsas.

4. Tal oficina, posteriormente, deu origem à comunicação produzida em parceria pelas bolsistas do projeto: Ruttyê Abreu (estudante de Pedagogia) e Kaytre Matos (professora da escola) e foi apresentada na XV Semana da Educação da Faculdade de Educação da Uerj, 2011, tendo como título "Baú de memórias e beleléu: *lembrar e esquecer* como práticas alfabetizadoras".

Na tensão entre lembranças e esquecimentos instalada no grupo, emergiram práticas docentes que contribuíam para nos ajudar a refletir sobre como nos tornamos as professoras que somos, que invenções temos feito de nós mesmas, "mediadas pelo mundo sociocultural no qual estamos imersos" (Araújo, Pérez e Tavares, 2009, p. 23).

> Lembro-me de uma caixa que confeccionei quando trabalhava com a Educação Infantil. O nome da caixa era "beleléu" – uma referência à expressão popular "foi para o beleléu". Utilizávamos a caixa para guardar objetos ou brinquedos que as crianças levavam para a sala, durante a "hora de coisa séria" (as atividades didáticas). Ao término das aulas, os objetos poderiam ser resgatados do "beleléu" para as crianças brincarem. (relato de Kaytre)

Um olhar simplificado e menos atento sobre a experiência narrada poderia conduzir a uma crítica apressada e superficial sobre a prática da professora, que num primeiro momento se revelava apenas como um dispositivo de controle das crianças.

O desafio que se colocava, então, naquele momento, era: como problematizar a situação apresentada fugindo das armadilhas de um olhar simplificador? (Araújo e Pérez, 2006)

Um dos caminhos encontrados para enfrentar o desafio foi solicitar que a professora produzisse um relato escrito do projeto desenvolvido com as crianças.

> Tínhamos um dia na semana reservado para as crianças trazerem um brinquedo de casa para brincar na escola, porém as crianças traziam brinquedos todos os dias e queriam brincar todo o tempo com eles, e muitas vezes não os guardavam para o horário do recreio. Além disso, durante os momentos das brincadeiras livres não gostavam de guardar os brinquedos coletivos e cada um pegava o seu e continuavam com a brincadeira durante as atividades em sala. Pesquisando na biblioteca da escola, achei um livro que me pareceu um tesouro, o nome do livro não me recordo, mas a história era de um menino que não gostava de arrumar seus pertences e deixava tudo uma

> bagunça e, quando ia procurar algo que queria, sua mãe dizia que tinha ido para o "beleléu", o menino começou a imaginar que "beleléu" seria um "Ser" que pegava os brinquedos espalhados e levava com ele e que, por isso, precisava começar a guardar tudo em seus lugares. A partir da leitura deste livro, imaginei que poderia usá-lo em sala para persuadir as crianças a arrumar a sala. Foi, então, que elaborei um projeto com o nome do livro. Este projeto consistia na construção coletiva de um boneco chamado Beleléu, aproveitando as características humanas do personagem para trabalhar o corpo humano; construção de uma caixa nomeada de "caixa do beleléu" onde todo objeto que estava fora do lugar era colocado nesta caixa e só poderia ser entregue no final da semana; construção coletiva de uma "lista" de atitudes que poderíamos ter para deixar a sala sempre em ordem; e construção de um cartaz do "ranking" dos alunos que menos tinham brinquedos pessoais na caixa do beleléu. No início as crianças queriam trazer os brinquedos de casa para deixá-los na caixa do beleléu. Eu e as crianças nos divertimos muito durante o projeto (teve até uma vez em que meu celular foi parar na caixa, pois esqueci de desligá-lo e tocou na hora da aula, foi muito engraçado!!!). Ao final, as crianças passaram a trazer os brinquedos somente no dia determinado para que seu nome aparecesse no cartaz do "ranking" semanal.

A produção escrita, trazida posteriormente para a roda de discussão, possibilitou-nos refletir sobre o papel do registro escrito, no fortalecimento da natureza pesquisadora da prática docente, como nos dizia Freire (1996).

Assim, o "beleléu", que, no momento da discussão na escola, nos aparecia apenas em seu caráter disciplinador, de moldar as crianças às exigências escolares e sociais, a partir do registro escrito, ganhava um novo sentido. Confirmando a criatividade da professora – "pesquisando na biblioteca da escola, achei um livro que me pareceu um tesouro" –, o registro confirmava que a criatividade, a pesquisa, a construção de novas propostas, ou seja, alternativas pedagógicas, também estão presentes no cotidiano escolar, que, inúmeras vezes, tem sido representado como apenas o espaço-tempo da repetição e da mesmice. De um simples depósito de objetos, o "beleléu" transformava-se num personagem que pode ajudar crianças e professora na reinvenção do cotidiano da sala de aula.

Retomando uma tradição que acompanha a humanidade desde os tempos mais remotos, histórias como as de Guilherme Augusto e do Beleléu têm nos ajudado a encontrar caminhos no processo de reflexão e reinvenção da prática pedagógica alfabetizadora.

SEGUNDO FLASH

> Construo esse meu jeito de brincador. O que brinca com a dor. Aprendiz de ler e escrever – o que estuda para poder encontrar os que ensinam.
>
> (Gregório Filho, 2011, p. 106)

Uma das passagens da pesquisa em que a potencialidade da contação de histórias como processo formativo na sala de aula – tanto para o(a) narrador(a) quanto para ouvintes – se colocou de uma forma mais contundente para nós aconteceu a partir da proposta de um de nossos entrevistados: Gregório Filho. Ao tomar conhecimento de que após a realização da entrevista eu me dirigiria a uma escola pública, onde leciono para jovens e adultos, o narrador ofereceu-se para ir comigo e contar histórias para a turma.

Qual surpresa, qual encanto. Fomos. Era uma noite chuvosa e estávamos desde as 14h na Universidade Federal do Estado do Rio de Janeiro (Unirio), local da entrevista. Saímos às pressas a fim de chegarmos a tempo para a aula. E no caminho Gregório ia falando sobre a importância dos escritos de Cecília Meireles sobre educação.

Ao chegarmos à sala de aula, a primeira história que Gregório contou para a turma foi a de seu nome, como uma forma de se apresentar. Os olhos atentos da turma de adultos do 7º ano do ensino supletivo revelavam o encantamento mobilizado pelas histórias.

Enquanto Gregório apresentava os livros de sua autoria, as duas outras turmas para as quais eu ainda lecionaria naquele dia foram reunidas. Ambas eram de 6º ano. Quando entrei na sala, estavam bem alvoroçados aguardando a visita do "Papai Noel", como haviam apelidado o narrador. Fiquei um tanto apreensiva com esse apelido, temerosa de uma possível recepção crítica ao convidado. Porém, o que ocorreu foi bastante diferente. Uma mudança total de olhar dos alunos para com Gregório.

De fato, Gregório usa óculos, tem aquele *olhar bondoso* que aparece nas imagens do *bom velhinho* e possui uma barba branca de tamanho médio, embora seja nortista, o que já não favorece tanto a semelhança com Noel. Contudo, o encantamento provocado nas turmas com suas histórias não deixou nada a dever ao *mito do velhinho* que distribui presentes para todas as crianças na noite de Natal.

Quando entramos na sala, então, Gregório apresentou-se como contador de histórias e iniciou uma história solicitando aos alunos que refletissem sobre o que ele iria contar. Ele contou a história "A Pescadinha", de seu livro *Ler e contar, contar e ler*. Um pescador conversa com um peixe que tem poderes mágicos e transforma, a pedido de sua esposa, sua casa humilde em um grande palacete. O tema da história é a cobiça.

Enquanto Gregório narrava, eram diversas as reações dos alunos. Um aluno adolescente, bastante agitado e que havia criticado a presença do narrador antes de entrar em sala de aula, participou ativamente, rindo e imitando um pouco os gestos do narrador. Parecia surpreso em ver um adulto rebolando enquanto narrava a história. A performance de Gregório, de certa forma, rompia com uma lógica corporal presente na escola fundada na disciplinarização e no controle do corpo.

Zumthor (1993), discutindo as características da recepção no ato performático, mostra como gesto e voz se complementam na produção de sentidos. "Na fronteira entre dois domínios semióticos, o *gestus* dá conta do fato de que uma atitude corporal encontra seu equivalente numa inflexão de voz, e vice-versa, continuamente" (*ibidem*, p. 244).

A surpresa do aluno do EJA (Educação de Jovens e Adultos) diante de um senhor que contava histórias não só com palavras, mas também com o corpo, tornava-se indicativa de tantas outras contribuições que a arte pode oferecer para a construção de uma escola de mais qualidade para toda a população.

Ao final da história, todos participaram apresentando suas opiniões sobre o quanto a cobiça ainda estava presente nos dias de hoje. Gregório indicou a leitura do conto "A moça tecelã", de Marina Colasanti, como uma versão masculina da cobiça, conto este que já estava na apostila de leitura que eu havia preparado para a turma. Tal coincidência rendeu boas discussões e comentários posteriores sobre a importância do espaço para o lúdico nas escolas e ainda sobre os sonhos dos alunos relacionados à educação ou às suas perspectivas de vida.

Olhando para alunos e alunas do EJA, numa noite chuvosa daquelas, quando todos e todas, assim como eu, haviam trabalhado o dia inteiro, eu pensava: o que esperar da escola? Que sonhos seriam estes? Chegavam cansados(as) e não desistiam. Moravam longe, mas lá estavam, prontos(as) para, com todas as dificuldades na apropriação da linguagem escrita, buscar a tão sonhada escolarização que, possivelmente, para a grande maioria ali, fora negado no momento previsto em lei. Que difícil missão esta de ensinar algo! E que fantástica fábrica de ideias esta a das histórias! Aparecia ali, naquele momento, a tensão entre ser professora e ser narradora de histórias. Uma relação conflituosa: por um lado o encantamento, as discussões, as emoções; por outro, o conteúdo pedagógico, racional e desapaixonado: sujeitos, predicados, orações subordinadas...

Ao final do encontro, Gregório apresentou os livros de sua autoria, instigando ainda mais o interesse da turma. Ávidos por respostas, os(as) alunos(as) questionavam sobre como era ser um escritor, sobre quem fazia as ilustrações, sobre as dificuldades da produção, sobre a capa etc. As etapas de produção de um livro ali apresentadas sob o genuíno interesse dos alunos aproximavam-no do objeto livro, da mesma forma que as histórias narradas os aproximavam do interesse pela palavra escrita.

Terminada a apresentação, Gregório perguntou sobre a importância de contar histórias, sobre o que a turma achava, e o depoimento mais emocionante foi de uma das alunas, a mais velha da turma. Enquanto falava sobre como se sentira importante por ter a presença de um contador de histórias e escritor em sala de aula, seus olhos enchiam-se de lágrimas. Para ela, essa presença havia sido um presente especial, principalmente, por nunca ter ouvido histórias quando criança. Nesse momento, meus olhos também se encheram de lágrimas, e ainda agora, ao escrever, me emociono. Ela fora criada por pais adotivos, atualmente seus patrões. Contou-nos que aprendera a ler naquela escola e queria contar histórias para seus filhos, para que eles pudessem viver esse momento que ela não pudera ter quando criança.

Ao final, todos solicitaram uma foto com Gregório. O acontecimento foi encantador.

Superando as inúmeras dificuldades da Educação de Jovens e Adultos, o ambiente criado pela contação de histórias revelava-se extremamente fértil para aproximar alunos(as) e professores(as) de uma forma mais descontraída, solidária, amorosa, enfim, humana.

Saí de lá encantada com o acontecimento. Sentia que o ambiente criado pelas histórias podia contribuir para modificar as relações dos(as) estudantes com os textos e possibilitar novos diálogos em sala de aula. A experiência com a contação de histórias com Gregório possibilitava-me vislumbrar outros caminhos para a prática docente. Caminhos estes inspiradores de atividades e exercícios de apropriação da língua portuguesa que, menos comprometidos com o acúmulo de informações, favorecessem a apropriação da língua escrita como uma forma de expressão do humano.

TECENDO ALGUMAS REFLEXÕES FINAIS

> Yufá, tonto como era, não lograva obter nenhum convite ou um gesto de acolhida. Certa vez foi até uma fazenda para ver se lhe davam alguma coisa, mas como o viram tão mal-ajambrado, soltaram os cães atrás dele. Então sua mãe arranjou para ele um lindo casacão, uma calça, e um jaleco de veludo. Vestido como um cavalheiro, Yufá retornou à mesma propriedade. Acolheram-no muito bem e o convidaram para comer com eles, e ali o cobriram de elogios. Quando lhe trouxeram comida, Yufá com uma das mãos a levava à boca e com a outra a punha nos bolsos, bolsinhos, no chapéu e dizia: – Comam, comam, minhas roupinhas, pois vocês é que foram convidadas. (História compilada por Ítalo Calvino)

Tecendo algumas reflexões finais, rendemo-nos ao convite de La Fontaine e trazemos a história de Yufá, contada por Gregório durante a entrevista. Trazemos essa história, entre tantas outras que vêm *tocando* nossos corações, de professoras pesquisadoras seja na universidade, na escola básica ou em outros espaços onde a prática de contação de histórias possa continuar provocando encantamentos e mobilizando sonhos por um futuro mais solidário e justo para a humanidade.

Como parte do processo de compreensão do mundo, as histórias e as experiências provocadas pelas narrativas alimentam um diálogo entre o que se passa fora e o que se passa no interior do sujeito. Quando o prazer estético atravessa o sensorial, possibilita-se uma relação direta da experiência da obra com a experiência de si mesmo. Acreditamos que tais vivências, por meio da fantasia do *era uma vez,* podem contribuir para uma formação humana mais holística.

Nas histórias, como as de Yufá – que, tonto como era, não lograva obter nenhum convite ou um gesto de acolhida –, encontramos pistas anunciadoras de caminhos para a formação docente. Da mesma forma que Yufá, "dividindo a comida recebida com as próprias roupinhas", denuncia a primazia do *ter* sobre a importância do *ser*, as narrativas de nossas pesquisas têm nos convidado a continuar buscando na prática de contar histórias outras lógicas para a ação educativa que trilhem caminhos "mais éticos porque solidários, estéticos porque encantados e políticos porque participativos", como nos ensina Santos (2000).

Destacamos no encontro entre as pesquisas pelo menos dois pontos confluentes: de um lado, a potência da narrativa na produção de outros modos de compreensão sobre os processos educativo-pedagógicos que envolvem professor(a) e aluno(a). Por outro lado, o diálogo entre as pesquisas reafirma igualmente a fertilidade da prática narrativa como espaço de formação e (auto)formação, seja na perspectiva do preparo profissional, seja na perspectiva da formação humana.

REFERÊNCIAS

Abreu, L. A. "A restauração da narrativa". *O percevejo: Revista de teatro, crítica e estética*, ano 8, n. 9, Rio de Janeiro, 2000.

Abreu, R.; Matos, K. *Baú de memórias e beleléu: lembrar e esquecer como práticas alfabetizadoras.* Rio de Janeiro, 2011. XV Semana da Educação da Faculdade de Educação da Uerj.

André, S. R. B. *O que narram os contadores de histórias: memórias, histórias e práticas.* Dissertação de Mestrado (Curso de Pós-Graduação em Educação) – Centro de Educação e Humanidades, Faculdade de Formação de Professores, Universidade do Estado do Rio de Janeiro, Rio de Janeiro, 2012.

Araújo, M.; Pérez, C. L. V.; Tavares, M. T. G. "Alfabetização patrimonial: ferramenta teórico-prática para a formação de professor@s. In: ______. *Memórias e patrimônios: experiências em formação de professores.* Rio de Janeiro: Asduerj, 2009.

Araújo, M.; Pérez, C. L. V. "Um jogo de luz e de sombras: lógicas de ação no cotidiano escolar". *Revista Brasileira de Educação*, v. 11, n. 33, set.-dez. 2006.

Barbier, R. "A escuta sensível em educação". *Cadernos da Anped*, n. 5, 1992.

Benjamin, W. *Magia e técnica, arte e política: ensaios sobre literatura e história da cultura.* Tradução de Sérgio Paulo Rouanet. 7. ed. São Paulo: Brasiliense, 1994.

CALVINO, Í. *Fábulas Italianas*. São Paulo: Companhia das Letras, 1992.

CERTEAU, M. de. *A invenção do cotidiano: 1. Artes de fazer*. Petrópolis: Vozes, 1994.

DEBORD, G. *A sociedade do espetáculo: comentários sobre a sociedade do espetáculo*. Rio de Janeiro: Contraponto, 1997.

DINIZ, J. "Vozes, corpos e textos nos vãos da cidade". In: PRIETO, B. (orgs.). *Contadores de histórias: um exercício para muitas vozes*. Rio de Janeiro: [s.n.], 2011.

FOX, M. *Guilherme Augusto Araújo Fernandes*. São Paulo: Brinque-Book, 1995.

JOSSO, M. C. *Experiências de vida e formação*. Lisboa: Educa, 2002.

FREIRE, P. *Pedagogia da Autonomia*. 17. ed. São Paulo: Paz e Terra,1996.

GREGÓRIO FILHO, F. *Ler e contar, contar e ler: caderno de histórias*. Rio de Janeiro: Letra Capital, 2011.

MATOS, G. A. *A palavra do contador de histórias: sua dimensão educativa na contemporaneidade*. São Paulo: Martins Fontes, 2005.

PATRINI, M. de L. *A renovação do conto: emergência de uma prática oral*. São Paulo: Cortez, 2005.

PAVIANI, N. M. S.; FONTANA, N. M. "Oficinas pedagógicas: relato de uma experiência". *Conjectura*, v. 14, n. 2, Caxias do Sul, maio-ago. 2009, p. 77-88.

SANTOS, B. de S. *A crítica da razão indolente*. São Paulo: Cortez, 2000.

______. *A gramática do tempo: para uma nova cultura política*. Porto: Edições Afrontamento, 2006.

SISTO, C. "Leitura e Oralidade. Contar histórias – Da oficina à sinfonia". In: ______. *Textos e pretextos sobre a arte de contar histórias*. Chapecó: Argos, 2001.

ZUMTHOR, P. *Performance, recepção, leitura*. São Paulo: Cosac Naify, 2007.

WARSCHAUER, C. *A roda e o registro: uma parceria entre professor, alunos e conhecimento*. São Paulo: Paz e Terra, 1993.

6 Literatura infantil no ensino superior: uma proposta vivida no curso de Pedagogia

Jacqueline de Fatima dos Santos Morais

> Aprender para nós é construir, reconstruir, constatar para mudar, o que não se faz sem abertura ao risco e a aventura do espírito.
>
> (Paulo Freire)

INTRODUÇÃO

Este texto nasceu inspirado na experiência vivida por mim como formadora de professores e, mais especificamente, docente da disciplina "Alfabetização", oferecida a estudantes do terceiro e quarto períodos do curso de Pedagogia da Faculdade de Formação de Professores da Uerj. A unidade de ensino à qual me refiro e na qual minha experiência foi tecida está enraizada numa cidade tecida por contradições: São Gonçalo. Nela, inúmeros contrastes dão a nós a dimensão da complexidade que vive essa região, com reflexos em um importante microespaço: a sala de aula.

São Gonçalo, cidade metropolitana do estado do Rio de Janeiro, contabilizava em 2012 uma população de mais de 1.016.128, segundo o Instituto Brasileiro de Geografia e Estatística (IBGE), atingindo assim o marco de segundo município mais populoso do estado (atrás apenas da capital). Mesmo com esse contingente populacional, São Gonçalo é apontado como o 46º Produto Interno Bruto do país, levando em conta pesquisas do IBGE. Esses dois números dão o calibre das graves condições econômicas e culturais em que vive essa população, apontando, por outro lado, o pouco caso na produção e implementação de políticas públicas sociais.

Outro dado que igualmente revela as desigualdades vividas nessa localidade é o Índice de Desenvolvimento Humano (IDH).

São Gonçalo está na 22ª posição entre os municípios do Rio de Janeiro. É necessário lembrar que o IDH é construído com base nos indicadores de qualidade de vida, envolvendo dados sobre educação (alfabetização e taxa da matrícula), renda (PIB *per capita*) e saúde (esperança de vida ao nascer).

Não podemos negar, no entanto, pesquisas que assinalam uma melhora nos índices educacionais nacionais, como: redução, mesmo que pequena, no analfabetismo e aumento da taxa de matrícula da população em idade escolar. Tais conquistas, no entanto, não têm representado uma maior qualidade na escolarização dos que acessam instituições de ensino. Um exemplo disso é a colocação do país no ranking de educação da Unesco, em 88º lugar.

Assim, mais uma vez dito, se por um lado temos hoje a quase totalidade das crianças matriculadas nas escolas brasileiras, o que significaria uma democratização do acesso à escola, por outro lado isso não tem se traduzido em uma efetiva formação de alunos leitores e escritores, usuários competentes da língua, amantes das palavras e sabedores de que escrever é registrar as suas próprias ideias e não meramente reproduzir um texto produzido por outro – em geral, um modelo textual empobrecido, presente em cartilhas e livros didáticos. Não é difícil, portanto, concluir que o ensino da leitura e escrita hegemonicamente encontrado nas escolas, e dessa realidade não foge São Gonçalo, está marcado pela concepção bancária de conhecimento denunciada por Freire (1997), e tem produzido nas escolas mais copistas que autores da própria palavra. A compra da cartilha Alfa e Beta pela Secretaria Municipal de Educação, por R$ 526 mil, a fim de ser utilizada obrigatoriamente por toda a rede municipal de São Gonçalo, é um exemplo disso. Pautada no método fônico, tendo como ponto de partida os fonemas da língua e sua grafia, esse material provocou inúmeros debates e denúncias a respeito do uso obrigatório do material por todos os docentes dos anos iniciais, ferindo a liberdade e a autonomia docente na escolha de suas formas de ensino. Outro ponto de controvérsia está nos textos presentes no referido material didático. Frases de sentido dúbio como "Minha chaninha cheira mal. Cheira a chulé" resultaram em uma denúncia feita pelo Sindicato Estadual dos Profissionais de Educação do Rio (Sepe) ao Ministério Público estadual. Se em outros estados a palavra "chaninha" significa chinelo, no Rio de Janeiro essa palavra é tida como uma forma grosseira de referência ao órgão sexual feminino. Assim, não basta que a maioria das crianças esteja na escola, mas que elas possam encontrar no interior desse espaço um sentido para sua permanência. Ou, como afirma Freire, que as crianças possam encontrar na escola a vida real e, com base nesse encontro, reler e ampliar sua existência no mundo.

Mas há os que nem sequer puderam experimentar o espaço escolar. São homens e mulheres a quem não foi assegurado o direito social básico de aprender a ler e escrever. Dados apontam que essas pessoas chegam a 14 milhões. Apenas no Brasil. E, apesar de uma redução média anual de 0,45 ponto percentual na taxa de analfabetismo nos últimos 16 anos, a se manter essa velocidade, a escolarização desse contingente (os chamados analfabetos), que representa quase 10% da população brasileira, só deverá ocorrer dentro de 20 anos – tempo no qual, é necessário dizer, muitos desses sujeitos já não mais estarão vivos.

Outra pesquisa que buscou mapear os níveis de alfabetismo da população brasileira foi realizada pelo Instituto Paulo Montenegro (IPM). O resultado aponta que aproximadamente 75% das pessoas entre 15 e 64 anos não conseguem ler, escrever e calcular plenamente. Dessa porcentagem, mais de 60% são analfabetos funcionais e 7% são considerados analfabetos absolutos. Por outro lado, um levantamento feito em 2010 pelo IBGE mostrou que o Brasil possuía naquele ano 30.558 milhões de analfabetos funcionais. O mais trágico é saber que, desses sujeitos, boa parte frequentou alguma instituição escolar, mas não se tornou um usuário competente da língua escrita.

A consequência dessa realidade é o número expressivo dos que chegam à universidade sem grande domínio da leitura e escrita. Uma pesquisa produzida pelo IPM e pela ONG Ação Educativa revelou que, entre os estudantes do ensino superior, 38% não dominam habilidades básicas de leitura e escrita. Mesmo sabendo que é necessário um olhar crítico sobre pesquisas dessa natureza, sem dúvida elas trazem elementos a ser discutidos.

Pensar sobre esses e outros índices mostra-se fundamental se quisermos compreender a extensão dos desafios que envolvem dimensões educativas, em especial aquelas vividas no ensino superior. Se levarmos em conta uma das tarefas da universidade, que é a formação de sujeitos que formarão outros sujeitos, como é o caso do curso de Pedagogia, mais desafiadora coloca-se essa atividade e mais implicações e tensões poderemos perceber. A docência em uma universidade pública, especialmente quando enraizada em um espaço contraditório e complexo como é São Gonçalo, impõe escolhas e decisões não somente epistemológicas, mas também, e em especial, políticas. Essas decisões, expressas por ações concretas no mundo, revelam o desejo, como afirma Freire, de "que a nossa presença no mundo, implicando escolha e decisão, não seja uma presença neutra" (Freire, 2000, p. 33). É pela ausência de neutralidade que todo ato de ensinar se apresenta como um ato profundamente político, como diria ainda Freire (*ibidem*, 1997, p. 24)

E, por ser político, os espaços educativos necessitam lutar para que a história de desigualdade não se apague da história. Afinal, como mais uma vez nos lembra Freire (*ibidem*), é preciso: testemunhar, denunciar, não silenciar, não esquecer. Ou ainda Benjamin, para quem "nada do que aconteceu pode ser considerado perdido para a história" (Benjamin, 1985, p. 223).

É preciso não esquecer. Sentir-se indignado. Não se deixar levar pela inércia da razão indolente de que fala Santos (2000). E repetir, repetir – até ficar diferente (Barros, 1993).

Constatações como as anteriormente explicitadas acordaram em mim a necessidade de avançar da indignação em direção a ações comprometidas com a transformação do quadro exposto. Ou, pelo menos, que representasse uma contribuição, mesmo que pequena, para que a ampliação da leitura da palavra resultasse na ampliação e problematização da leitura do mundo, como defende Freire (1989).

Assim, tomando a leitura como foco central em minhas aulas, busquei desenvolver um projeto nas turmas do curso de Pedagogia que fosse parte integrante da disciplina "Alfabetização". Nessas aulas, privilegiamos as discussões de natureza teórico-prática a respeito do ensino e da aprendizagem da leitura e escrita do *outro*. Como seria, então, problematizar o próprio processo, alimentado pela ideia freiriana de que aprendemos a ler e escrever durante toda a vida, o que inclui o tempo em que cursamos a graduação? Esse mote, ancorado em outra ideia igualmente potente, "só se aprende a ler, lendo", produziu em mim a certeza de que era preciso ler para os alunos e alunas do curso de Pedagogia, já que estes afirmavam que "liam muito pouco", "só o que era obrigado para as disciplinas", e dificilmente seria encontrado um livro de literatura em suas mochilas e estantes.

Um pequeno questionário foi distribuído aos estudantes, e as respostas puderam ajudar a traçar o perfil daqueles alunos. Uma das perguntas referia-se ao conhecimento a respeito dos contos infantis. De um universo de 57 alunos matriculados nas duas turmas de alfabetização para as quais lecionava no ano de 2012, apenas 11 diziam conhecer, pela leitura, os contos listados. Os demais alunos, quando afirmavam conhecer Rapunzel, A Bela e a Fera ou mesmo Cinderela, diziam ter sido por obras cinematográficas, como desenhos ou filmes. Os textos que haviam originado tais versões não eram matéria viva em suas vidas. Ou, pelo menos, não pareciam ser. Esses estudantes simplesmente não haviam lido aqueles contos. Nem mesmo haviam ouvido outros sujeitos, como pais e professores, lerem aquelas histórias. "Mas Branca de Neve não foi inventada por Walter Disney? Não? Então, me enganaram a vida toda?", disse-me, em certa aula, uma aluna do 4º período do curso de Pedagogia.

Não é difícil perceber por que tantos alunos conhecem contos de fadas ou fábulas apenas por meio das salas de cinema, telas da televisão ou, mais recentemente, pelos monitores de computadores, tablets ou notebooks. A cultura visual parece se impor nesses tempos atuais, deixando espaço para o poder de penetração dos *blockbusters*. Feitos para ser assistidos por grandes plateias, esses filmes geram grandes lucros. Tais filmes são baseados em contos e histórias escritos há tempos, apesar de alguns deles se afastarem, e muito, da obra de referência. Muitos deles viraram sucesso econômico. *Alice no País das Maravilhas*, de Tim Burton, por exemplo, chegou a render US$ 1 bilhão em 2010. *Branca de Neve e o caçador*, lançado nos cinemas em 2012, rendeu a lucrativa cifra de US$ 396 milhões. Esses são apenas dois exemplos, mas poderíamos aqui listar muitos outros.

Por outro lado, temos visto certa tendência, a que roteiristas e diretores se entregam, de realizar significativas modificações nas histórias escritas na *transposição* das obras literárias para o cinema. Não raras vezes, sob o pretexto de atualizar as histórias infantis. Essas infidelidades, anunciadas como atualizações das histórias infantis, acabam por criar novas obras, algumas delas bem distantes das redigidas por seus autores.

Não estou aqui defendendo a necessidade de "conservarmos a pureza de uma obra literária", maculada pelos estúdios. A transposição entre obra literária e obra fílmica implica compreendermos que, muitas vezes, as fronteiras entre a obra original e o resultado na tela de cinema ficam borradas. O filme, muitas vezes, não conta a mesma história do livro porque há diferenças entre o que é representado literariamente no livro e o que é representado cinematograficamente no filme. São diferentes sistemas de representação, o que implica a produção de duas obras distintas. O problema, no meu entender, não está na diferença entre os dois, mas na capacidade, ou impossibilidade, de o espectador estabelecer relações entre essas duas linguagens. Sem conhecer a obra literária, a versão fílmica torna-se a única referência, limitando sentidos e analogias.

Em *João e Maria: caçadores de bruxas*, por exemplo, Tommy Wirkola transforma em terror a história criada no século XIX. Diferentemente da versão original, nesse filme João e Maria são adultos traumatizados que caçam bruxas com arcos e flechas e métodos sangrentos. Sem conhecimentos prévios relativos à obra dos irmãos Grimm, parte daquilo que poderia ser visto como aspectos singulares de cada obra se perde. Como uma obra representa a outra? Que elementos são privilegiados em uma e não na outra? Essas questões apenas podem ser respondidas se houver o conhecimento das duas obras: a fílmica, mas também a escrita. E é nessa segunda lacuna que tenho posto minhas ações, sabendo que a leitura da palavra escrita implica a releitura do mundo, como afirma Freire (1997). Assim, em todo início de aula do curso de Pedagogia, na disciplina "Alfabetização", lemos uma história infantil e fazemos dela nosso convite para a compreensão do mundo passado e presente.

LITERATURA INFANTIL NO CURSO DE PEDAGOGIA

Com todos sentados formando uma quase roda, inicio a leitura de uma conhecida história, nascida na tradição oral da velha Europa e transformada em texto escrito por Charles Perrault na Paris do século XVII. A história de uma menina de capuz vermelho, caminhando sozinha pela floresta, indo em direção à casa de sua avó e vivendo o confronto com um temível lobo, sempre pareceu a mim naturalmente conhecida. Engano meu. As narrativas escritas não são as formas privilegiadas de contato com as histórias.

Com olhares atentos, cerca de 30 alunas do curso de Pedagogia esperavam, em silêncio quase absoluto, o desfecho da história. Enfim, na versão lida, um exímio caçador aparece em cena, dispondo-se a salvar os personagens do perigo iminente. A confirmação do triunfo do bem traz outra: a de que é preciso ler histórias no cotidiano escolar, mesmo que os alunos sejam adultos, mesmo que o espaço escolar seja o de uma universidade.

Ao cabo da trama ouvida, algumas alunas dizem-me: "Adorei a história", "Como é bom ouvir uma boa história", "Me empresta o livro? Quero ler para minha filha". Cenas como essa fazem-me lembrar de que, diante de uma boa história, o ouvinte tende a sentir-se contagiado e a desejar que não cesse de pronto a experiência estética que vive. Diante de uma boa história e um bom narrador ou narradora, desejamos a continuidade da experiência saboreada e atrevemo-nos a querer revivê-la, sozinhos ou, como no caso de uma das alunas, acompanhados pela filha.

Foi Benjamin que aprendeu a "escutar a contrapelo" as narrativas pertencentes à tradição oral, percebendo nelas um papel restaurador da humanidade perdida na modernidade e desenvolvendo sobre elas uma escuta sensível. Benjamin lembra-nos de que "contar histórias sempre foi a arte de contá-las de novo, e ela se perde quando as histórias não são mais conservadas" (Benjamin, 1985, p. 205).

Sem dúvida, a arte de narrar sempre esteve mergulhada nas artes da memória e da repetição. É essa repetição que, desde tempos bem remotos, tem garantido a preservação do vivido e do contado, das experiências coletivas e individuais, da cultura dos povos. Desde sempre contamos e repetimos histórias, permitindo que nelas sobrevivam as experiências e tradições do lugar. Algumas, no entanto, tomaram ao longo do tempo a forma escrita, pois esta, na modernidade, tornou-se o lugar de preservação contra o tempo e o esquecimento, e não mais a lembrança.

Mas, como quem conta um conto aumenta um ponto... contar, ou melhor, recontar representa transmitir uma velha história como se nova história fosse, pois, ao (re)contar uma narrativa, esta acaba por ser modificada pelo estilo de quem conta, acaba por ser mudada pela seleção de quem narra, pelas interpretações de quem diz o que ouviu. Contar é, pois, passar adiante uma história que, sendo velha, torna-se nova a cada dia pela ação não só do olhar de quem conta, mas também de quem ouve.

As histórias, diz-nos Benjamin, mais facilmente se mantêm vivas na memória do ouvinte quando são incorporadas à própria experiência e, por consequência, "mais irresistivelmente ele [ouvinte] cederá à inclinação de recontá-las um dia" (*ibidem*, p. 205).

Aquelas alunas do curso de Pedagogia não pareciam imunes ao fluxo da narrativa dos contos infantis lidos em sala. Talvez porque aquelas histórias evocassem e se inscrevessem nas experiências de todas. Ler histórias é permitir-se um encontro com a narrativa, e esta

> não está interessada em transmitir o puro em-si da coisa narrada como uma informação ou um relatório. Ela mergulha a coisa na vida do narrador para em seguida retirá-la dele. Assim se imprime na narrativa a marca do narrador, como a mão do oleiro na argila do vaso. (*Ibidem*, p. 205)

Ouvir e ler histórias infantis são, de certa forma, imprimir marcas no texto e nos próprios ouvintes: marcas da cultura de seu grupo, marcas de outros grupos distantes, marcas nem sabemos quais. E essa relação entre quem narra e quem ouve recebe marcas também. É assim, lendo e ouvindo histórias infantis, que um grupo de estudantes do curso de Pedagogia ia se apaixonando pelo mundo da narrativa escrita dos contos tradicionais.

Outro ponto importante nas discussões que provocava com as alunas era problematizar a ideia de que a escola deve "desenvolver o hábito da leitura". Afinal, a leitura deve ser vista como hábito? Essa pergunta remete a Bakhtin e à sua defesa de que a palavra está sempre carregada de um conteúdo ou um sentido ideológico ou vivencial (Bakhtin, 1995, p. 92). Os signos não são neutros, mesmos que aqueles que os produzam possam desejar que assim seja.

> Na realidade, não são palavras o que pronunciamos ou escutamos, mas verdades ou mentiras, coisas boas ou más, importantes ou triviais, agradáveis ou desagradáveis etc. A palavra está sempre carregada de um conteúdo ou de um sentido ideológico ou vivencial. (*Ibidem*, p. 95)

Como nos adverte Bakhtin, as palavras são tecidas com base em uma multidão de fios ideológicos e servem de trama a todas as relações, em todos os domínios (*ibidem*, p. 41). As palavras são, portanto, prenhes de "pontos de vista". Defender a leitura como *hábito* e não como atravessamento da vida, na vida, é estar de certo lado, defendendo certas concepções de língua, de sujeito, de leitura.

Leitura não é hábito. Hábito implica repetição a fim de mecanizar a ação. Não lemos apenas porque o fizemos no dia anterior. Lemos se e quando essa ação se configura como ato de sentido. Por isso, implica conquista renovada, sedução constante. Ler representa um processo de produção de sentidos que envolve ler a palavra e o mundo.

Maturana (2001) diz-nos que só vemos o que compreendemos. Se é verdade o que esse autor diz, para vermos a vida transbordar da leitura seria preciso compreendê-la, entender sua insistência em resistir, sua fragilidade em margear nossas ações educativas, sua força utópica surgida quando nada mais parece possível. Ler é permitir viver múltiplos sentidos, múltiplas possibilidades, múltiplos destinos. Mas como trazer a vida dos textos para o interior de nossa atuação educativa? Como professoras que não leem podem formar leitores? Como deixar que as histórias falem na sala de aula se elas se calam na vida das professoras? Como ensinar algo que não se vive?

O lugar da literatura na sala de aula precisa ser assumido também no espaço de formação de professores. Apenas denunciar que os estudantes do ensino superior não leem não produz mudanças nessa realidade. Trazer a literatura, de todo tipo, e no meu caso a literatura infantil, para a sala do curso de Pedagogia é alargar os espaços da sala, já que

> os atores da prática educativa (professores e alunos) estão imersos na cultura, são autores, produtores, criadores de linguagem. Atores vivos de um conhecimento vivo e nem sempre científico ou sacralizado como tal... (Kramer, 1993, p. 26)

Os estudantes têm direito ao acesso à literatura produzida por diferentes autores, de outros tempos e lugares, e de tempos e lugares próximos. Incorporar essa variedade de produções humanas não significa torná-las instrumento, mera mercadoria de consumo, esvaziada de sentidos. Ao contrário, é torná-las viva no cotidiano da universidade e da escola, restaurar sua aura de verdade, reconstruir histórias que delas parecem surgir, lutar para que as experiências vividas não desapareçam. Para isso, a pergunta de Benjamin é sempre atual: "qual o valor de todo o nosso patrimônio cultural, se a experiência não mais se vincula a nós?" (Benjamin, 1985, p. 49)

Abrir as portas da sala de aula no ensino superior para a literatura infantil permite incorporar produções culturais que estão por vezes em silêncio, invisibilizadas na vida de alunos e alunas. Mas, para isso, mais uma vez a fala de Maturana (2001) faz-se presente: sem compreender a literatura como expressão da cultura produzida pela humanidade, nossos alunos não verão a riqueza para suas vidas e de seus futuros alunos.

Trazer a literatura para a universidade, deixar-se tocar por ela, senti-la envolver olhos, corpo, sensibilizar-se nesse encontro estético, ressignificando o visto/ouvido/sentido, é fundamental no espaço de formação docente, como o é o curso de Pedagogia.

Bartolomeu Campos Queirós (1999, p. 23) diz que a aprendizagem da leitura ultrapassa o simples ato de apresentar ao estudante inicial as letras. Formar leitores implica tomar a palavra e inscrever-se nas palavras do outro:

> Desconheço liberdade maior e mais duradoura do que esta do leitor ceder-se à escrita do outro, inscrevendo-se entre as suas palavras e o silêncio. Texto e leitor ultrapassam a solidão individual para se enlaçarem pelas interações. Esse abraço a partir do texto é soma das diferenças, movida pela emoção, estabelecendo um encontro fraterno e possível entre leitor e escritor. Cabe ao escritor estirar sua fantasia para, assim, o leitor projetar seus sonhos.

A ESCRITA DOCENTE COMO PROCESSO DE (AUTO)FORMAÇÃO

Benjamin ajuda-nos a compreender a importância da narrativa na proteção e conservação das experiências vividas, individuais e coletivas, em especial num tempo em que, como alerta o autor, "*a arte de narrar está em vias de extinção*" (Benjamin, 1985, p. 197). Assim, a experiência que vivemos na leitura dos contos infantis nas aulas da disciplina "Alfabetização", no curso de Pedagogia, representa tanto uma luta contra o esquecimento quanto uma defesa pelo direito à palavra e ao dizer, aspectos que merecem atenção nesses tempos modernos. Portanto, é preciso ler e reler as narrativas que formaram a nossa cultura.

As histórias compartilham não informações, mas experiências, já que a narrativa

> não está interessada em transmitir o puro em-si da coisa narrada como uma informação ou um relatório. Ela mergulha a coisa na vida do narrador para em seguida retirá-la dele. Assim se imprime na narrativa a marca do narrador, como a mão do oleiro na argila do vaso. (Benjamin, 1985, p. 205)

Ler e ouvir histórias do repertório infantil podem mover as histórias acomodadas nos porões da memória, pondo em movimento, por meio da palavra escrita, aquilo que se viveu um dia: a experiência. Para tal, é importante lembrar Larrosa, quando este afirma que "é experiência aquilo que nos passa, ou que nos toca, ou que nos acontece, e ao passar-nos nos forma e nos transforma" (Larrosa, 2001, p. 25-26). Dessa forma, nas aulas de alfabetização do curso de Pedagogia, tenho estimulado as estudantes a rememorar narrativas ouvidas na infância, a trazer livros que fizeram parte de suas vidas quando pequenas, a fim de compartilhar histórias significativas. Dessa forma, busquei que a atividade de leitura na e para a turma se configurasse como uma experiência.

ALGUMAS REFLEXÕES FINAIS

A fim de compreender as atividades de leitura na escola para além de um sentido meramente prático, mas também vislumbrar as teorias do conhecimento que as (in)formam (e assim podermos decidir se concordamos ou não com ambas – atividades e concepções teóricas), precisamos problematizar a ideia de que uma coisa é a prática e outra bem diferente é a teoria. Ambas, teoria e prática, implicam e constituem-se no cotidiano escolar, não estando nunca uma apartada da outra. Mesmo que dessa relação não tenhamos consciência. Mesmo que não saibamos que as atividades curriculares presentes nos inúmeros manuais didáticos dirigidos tanto a futuros docentes quanto a professores em atuação, mais que inocentes instruções didáticas de caráter prático, carregam, em seu interior, uma teoria implícita. Digo isso para afirmar que ler histórias do repertório denominado infantil para adultos que estão em processo formativo revela e se alimenta de concepções teóricas: de como pensamos que estudantes aprendem a ser docentes, de como cremos que devemos lhes ensinar a ser professores, do que defendemos ser conhecimento validado na universidade, do que entendemos por universidade, do que para nós significa currículo de uma disciplina na universidade – para dizer apenas parte das implicações/imbricações dessa atividade.

É certo que, ao optar pela leitura de texto clássico chamado acadêmico ou por histórias publicadas para um público infantil, fazemo-no porque possuímos um conjunto de crenças sobre o que seja um texto que contribua melhor para o processo de ensinar e aprender. Essas crenças e valores habitam-nos, e é com elas que operamos em sala de aula, sabedoras disso ou não. Talvez por essa razão Freire tenha defendido intensamente a importância da reflexão crítica sobre a prática (Freire, 1997, p. 24), "pois esta se torna uma exigência da relação teoria/prática sem a qual a teoria pode ir virando blá-blá-blá, e a prática, ativismo".

Refletir sobre o que fazemos em nossas salas, com nossos alunos e alunas, é uma necessidade de quem está comprometido a tecer uma escola mais favorável a todos: alunos e professoras, sejam na escola básica ou na universidade. Vale lembrar que nenhuma aprendizagem escolar se faz na neutralidade da ação docente. Todo ato educativo, e nele destacamos o ensino e aprendizagem do ler e escrever, está concomitantemente inserido também em uma dimensão educativo-política. Freire, há mais de quatro décadas, já alertava para essa dimensão, afirmando que o homem precisa desenvolver sua capacidade de "ler o mundo" para nele intervir, não como sujeito que, sob o discurso da autonomia, se torna individualista, mas como sujeito pertencente a um coletivo que desenvolve formas de ação solidária. É preciso ler o mundo para transformá-lo não para si, mas para todos. Participar e contribuir com a emancipação não como indivíduo isolado, mas como um sujeito pertencente a um coletivo de outros sujeitos. E penso que as leituras realizadas em sala de aula que extrapolem as "tradicionais" possam contribuir para esse processo de pertencimento e emancipação.

Pensamos, fortalecidas pelas palavras de Freire, que também nós, professoras, precisamos "ler o mundo" e criar estratégias coletivas de emancipação, realizando o que Santos (2006, p. 41) delineia como a agregação de vontades e a criação de subjetividades que protagonizam ações transformadoras coletivas. Nesse sentido de coletividade está inserido o trabalho com a leitura de contos infantis no curso de Pedagogia da Faculdade de Formação de Professores da Uerj.

A literatura infantil é, muitas vezes, uma estranha no espaço universitário. Tantas vezes invisibilizada, representada como objeto menor, destinada aos que sabem pouco, viveram pouco, compreendem pouco: as crianças. É preciso, no entanto, entender a relevância dessa produção humana para a constituição do conhecimento. O que vemos em pauta é a necessidade de rediscutirmos saberes e fazeres universitários, em especial no que se refere à formação docente.

Concordando com Santos (*ibidem*, p. 82), penso que é preciso "recuperar a capacidade de espanto e de a construir de modo a poder traduzir-se em inconformismo e rebeldia". Dados como os apresentados ao longo do texto sobre a dimensão da leitura na vida dos brasileiros precisam mobilizar nosso inconformismo, acordar nossa rebeldia, incomodar-nos a ponto de provocar ações. Novas ações, pois "do que necessitamos com mais urgência é de uma nova capacidade de espanto e de indignação, que sustente uma nova teoria e uma nova prática inconformista, desestabilizadora, em suma, rebelde" (*ibidem*, p. 82).

É a rebeldia da *não conformação com o que parece ter sido sempre assim* que pode engendrar novas possibilidades de olhar e viver a leitura na universidade. A literatura infantil convida-nos a construir novos sentidos para a ação educativa. Potencializa o rompimento com as velhas formas instituídas de fazer e pensar o mundo. Instiga a criar novas maneiras de aprender a ler a palavra e o mundo. Afinal, estamos todos em processo de aprendizagem: aprender a reler de forma mais crítica o mundo como caminho para reescrevê-lo, para transformá-lo.

REFERÊNCIAS

Barros, M. de. *O livro das ignorãças*. Rio de Janeiro: Record, 1993.

Bakhtin, M. (Volochinov). *Marxismo e filosofia da linguagem*. São Paulo: Hucitec, 1995.

Benjamin, W. *Origem do drama barroco alemão*. São Paulo: Brasiliense, 1984.

______. *Obras escolhidas*. São Paulo: Brasiliense, 1985.

Freire, P. *A importância do ato de ler: em três artigos que se completam*. São Paulo: Cortez, 1989.

______. *Pedagogia da esperança: um reencontro com a pedagogia do oprimido*. São Paulo: Ed. Unesp, 1997.

______. *Pedagogia da indignação: cartas pedagógicas e outros escritos*. São Paulo: Ed. Unesp, 2000.

______. "Alfabetização: concepções e imagens de ensino, aprendizagem e língua no cotidiano escolar". In: Pletsch, M. D.; Rizo, G. (org.). *Cultura e formação: contribuições para a prática docente*. Seropédica: Ed. UFRJ, 2010.

Kramer, S. *Por entre as pedras: arma e sonho na escola*. São Paulo: Ática, 1993.

Larrosa J. "Nota sobre a experiência e o saber da experiência". *Leituras SME*, Campinas, jul. 2001.

Maturana, H. *A ontologia da realidade*. Belo Horizonte: Ed. da UFMG, 2001.

Morais, J. de F. dos S. "Histórias e narrativas na educação infantil". In: Garcia, R. L. (org.). *Crianças, essas conhecidas tão desconhecidas*. Rio de Janeiro: DP&A, 2002, p. 81-101.

______. "Alfabetização: concepções e imagens de ensino, aprendizagem e língua no cotidiano escolar". In: Pletsch, M. D.; Rizo, G. (orgs.). *Cultura e formação: contribuições para a prática docente*. Seropédica: Ed. UFRJ, 2010.

Morais, J. de F. dos S.; Fernandes, A. da P.; Silva, L. T.; Braun, P. "Leitura e escrita na escola: possibilidades e atravessamentos de uma experiência na produção de livro". *Cadernos do Aplicação*, v. 24, Rio Grande do Sul, 2011, p. 263-81.

Morais, J. de F. dos S.; Silva, T. R.; Ramos, A. S. L. "'Meu texto não é literário?': colonialidade do saber, formação em rede e tensionamentos sobre a escrita docente". *Leitura: Teoria & Prática*, v. 30, 2012, p. 1678-86.

Perrault, C. *Contos de Perrault*. Belo Horizonte: Itatiaia, 1989.

QUEIRÓS, B. C. "O livro é passaporte, é bilhete de partida". In: PRADO, J.; CONDINI, P. (orgs.). *A formação do leitor: pontos de vista.* Rio de Janeiro: Argus, 1999, p. 23-24.

SANTOS, B. de S. *A crítica da razão indolente.* São Paulo: Cortez, 2000.

______. *A gramática do tempo.* São Paulo: Cortez, 2006.

7 Leitura e escrita na educação de jovens e adultos: notas sobre produção de sentidos em textos escolares

Marcia Soares de Alvarenga

> Toda vez que aflora, de uma maneira ou de outra, a questão da língua significa que estão se impondo um conjunto de outros problemas.
>
> (Gramsci, 2002)

INICIO ESTE TEXTO COM a citação acima sobre a relação entre língua, literatura e gramática, com a proposta de discutir breves resultados de pesquisa[1] que vimos realizando em escolas públicas localizadas em periferias urbanas. Abordo, entre outras, a questão da leitura e da escrita na Educação de Jovens e Adultos (EJA), compreendendo que ela envolve disputa de sentidos sobre a relação entre ensino e linguagem em contextos escolares e não escolares.

Na pesquisa realizada, o ato de compreender as mediações realizadas pelos professores e professoras tem ganhado maior amplitude e densidade diante das perguntas: formar leitores ou escritores da língua? Ou, considerando ser leitura e escrita processos distintos, mas não excludentes, como superar as dificuldades de alfabetizar jovens e adultos na perspectiva de formar leitores e escritores da língua?

A polêmica fomentada por diversos veículos de comunicação sobre o livro didático *Por uma vida melhor* (Ramos, 2011) ganhou repercussão em nossas reflexões e estudos sobre as questões anteriormente destacadas. O referido livro voltado para a educação de jovens e adultos, em seu primeiro capítulo, "Escrever

---

1. Trata-se da pesquisa "Produção de sentidos na Educação de Jovens e Adultos em escolas de periferias urbanas", apoiada pelo CNPq (2008-2010) e Faperj (2012-2013).

é diferente de falar", apresenta exemplos sobre variedades linguísticas[2], tendo sido esse tema tratado de forma descontextualizada por tais veículos, ao sentenciarem que o livro "ensinava errado" a língua portuguesa.

A magnitude do destaque dado pela imprensa levou diferentes vozes de entidades e associações acadêmicas, escritores e profissionais da linguagem a se posicionar, criticando o tratamento da variação linguística dada pelos veículos de comunicação. Entre essas vozes, destacamos o posicionamento da Associação Brasileira de Linguística Aplicada no Brasil, ao enfatizar, em defesa da autora da obra:

> O grande incômodo, relacionado ao fato de o livro relativizar o uso da norma culta, substituindo a concepção de "certo e errado" por "adequado e inadequado", retrata a incompreensão da imprensa e população em relação ao escopo de atuação de pesquisadores que se ocupam em compreender e analisar os usos situados da linguagem.
>
> A polêmica em torno deste relativismo, assim como a interpretação deturpada de pesquisas na área da linguagem, não são novas. [...]
>
> Tal deturpação ressalta um problema sério de leitura, muito provavelmente decorrente da prática cristalizada historicamente de se ensinar a gramática pela gramática, de forma abstrata e não situada. Pois, ao situar e inscrever as frases incorretas responsáveis por tanto desconforto no contexto concreto em que foram enunciadas, fica clara a intenção da autora de mostrar que precisamos adequar a linguagem ao contexto e optar pela variante mais adequada à situação de comunicação, preceito básico para participação nas diversas práticas letradas em que nos engajamos no mundo social[3].

---

2. O capítulo apresenta "Nós pega o peixe" e "Os livro ilustrados mais interessante estão emprestado" como exemplos de variações linguísticas e, em seguida, reescreve-os na norma padrão.

3. Dossiê Ação Educativa, São Paulo, 2011. Intelectuais, pesquisadores e escritores falam sobre o livro *Por uma vida melhor*. Disponível em: <www.acaoeducativa.org.br>. Acesso em: 4 set. 2014.

Tantas manifestações críticas vindas de importantes instituições acadêmicas e de pesquisa, contrárias aos atos midiáticos que reatualizaram o obscurantismo inquisitorial de "queimar" livros que ousaram desafiar uma "gramática oficial", têm nos levado continuamente a perguntar, em diálogo com Gramsci, sobre "quais são os outros problemas que estão se impondo" às práticas de leitura e escrita com jovens e adultos em seus desafios pelo direito à educação.

Particularmente no Brasil, a questão da alfabetização de jovens e adultos representa uma das formas de as classes dirigentes assegurarem a hegemonia cultural, ao alimentar e dar fôlego de longa duração ao sentido da leitura e escrita como a mais importante fórmula pensada para resolver, no plano discursivo, a inclusão do conjunto da população na ordem política, social e econômica.

Nessa perspectiva, na seção seguinte, revisito brevemente as políticas de alfabetização de jovens e adultos no Brasil com base na qual buscamos nos aproximar da noção esboçada por Gramsci nas diversas páginas dos célebres cadernos do cárcere.

ALFABETIZAÇÃO COMO PROBLEMA DE HEGEMONIA POLÍTICO-CULTURAL

No Brasil, talvez seja possível compreender que a dedicação de muitos pesquisadores, em suas tentativas de promover estudos rigorosos sobre os resultados das políticas de alfabetização, foi limitada pelos contextos nos quais essas políticas vieram a ser criadas, restringindo possibilidades investigativas.

A rigor, as limitações exigem ser problematizadas, por tratar-se de um desafio para os estudos que visam analisar os resultados da alfabetização para os sujeitos alfabetizados e/ou que virão ser alfabetizados. Como afirma Graff (1995, p. 34), o principal problema nos estudos que visam investigar os efeitos da alfabetização

> [...] é o da reconstrução; e as condições reais que emanaram da condição social do "ser alfabetizado" o dos contextos de leitura e escrita; como, quando, onde, por que e para quem a alfabetização foi transmitida; os significados que lhe foram atribuídos; os usos que dela foram feitos; as demandas colocadas sobre as habilidades alfabéticas; os graus nos quais essas demandas foram satisfeitas; a extensão na restrição social na distribuição e difusão da alfabetização entre a população [...]

Depreende-se dessa perspectiva teórica que as análises sobre os resultados da alfabetização dependeriam do esforço arqueológico investigativo para se construir novamente o contexto e as orientações das práticas educativas e/ou sociais, bem como as condições materiais que passaram a demandar o domínio da linguagem escrita para a população ou grupos sociais de comunidades diversas.

Com efeito, ao fazermos o mapeamento das principais campanhas de alfabetização – no século passado, iniciadas com maior vigor nos anos 1920, nas chamadas Ligas contra o Analfabetismo; passando pela Campanha de Educação de Adolescentes e Adultos, nos anos 1940; a Cruzada ABC, em meados dos anos 1960; o Mobral, nos anos 1970; o Programa Alfabetização Solidária (PAS), no final dos anos 1990; e o Programa Brasil Alfabetizado, nos governos Lula e Dilma, já no século XXI –, podemos identificar que a questão da alfabetização não envolve com exclusividade a garantia da "língua como unidade nacional", mas como uma questão econômica insuflada pelos discursos de desenvolvimento da nação.

O estudo de Vanilda Paiva (1973) fornece-nos material valioso sobre o sentido hegemônico[4] que caracterizou as representa-

4. Esta noção atribuída por "sentido hegemônico" foi elaborada por nós com base nos estudos de Bakhtin (2000, 1992), para quem a palavra é um palco de lutas ideológicas que, marcadas por um tempo histórico e em espaço social determinado, disputam a hegemonia da determinação do seu sentido em uma sociedade.

ções sobre o analfabetismo e o analfabeto, especialmente a partir da década de 1940 até o início da década de 1970, e que nos ajuda a identificar a tese da *menoridade* do analfabeto presente nas políticas de alfabetização.

Na primeira campanha de alfabetização de jovens e adultos instituída no Brasil, a Campanha de Educação de Adolescentes e Adultos (CEAA), de 1947-1963, Lourenço Filho, seu presidente e organizador, compara o analfabetismo ao marginalismo social, econômico e cultural e, ao afirmar que o adulto analfabeto é um ser marginal, sentencia-o, anunciando que este *não pode estar ao corrente da vida nacional.*

Como se essa sentença não fosse suficiente para acentuar a exclusão do analfabeto dos processos produtivos, sociais e culturais, esta é ainda mais reforçada. Para os liberais brasileiros, o analfabeto padeceria da menoridade econômica, política e jurídica, pois "[...] produz pouco e mal e é frequentemente explorado em seu trabalho; não pode votar e nem ser votado; não pode praticar atos de direito. O analfabeto não possui, enfim, sequer os elementos rudimentares da cultura de nosso tempo" (Paiva, 1973, p. 184).

Na fundamentação política e econômica da CEAA estava embutido um duplo sentido ideológico: por um lado se originava da ideia de que o povo, sem educação e domínio da escrita – a educação pensada pelas elites para o povo –, colocaria sob ameaça a democracia liberal, cujo princípio fundamental seria regido pelo direito ao voto, instrumento de simbolização da igualdade política entre os "cidadãos", independentemente da posição social que ocupam na sociedade; por outro lado, o sentido dessa campanha originava-se da perspectiva economicista, ao responsabilizar o analfabetismo e os analfabetos pelo atraso do país em relação às nações economicamente desenvolvidas.

Esses sentidos estarão uma vez mais sendo reafirmados nas campanhas que viriam a ser posteriormente deflagradas, resguardadas as devidas considerações que os seus respectivos contextos históricos delimitam, tais como a Cruzada ABC (1966-1970) e o Mobral (1970-1985).

Essas duas campanhas, criadas pelo autoritarismo obscurantista do regime militar, substituíram os movimentos de educação e cultura popular que emergiram no período entre 1959 e 1964. Movimentos estes que foram embalados pelo clima existente no país, de reivindicação das reformas de base e pelas liberdades democráticas, vivido no contexto dos governos anteriores ao golpe político-militar de 1964.

Sustentada financeiramente pela Usaid, pelos generosos recursos do governo federal, pela colaboração das administrações estaduais e de algumas instituições internacionais, a Cruzada ABC seria entregue, política e pedagogicamente, à orientação norte-americana (Nunes, 1993).

Sua projeção ficará registrada, na história das políticas governamentais de alfabetização de jovens e adultos, como uma das iniciativas de maior expressão promovidas pelo MEC à época, cuja tarefa, alimentada pela motivação política dos setores sociais que apoiaram o movimento golpista de 1964, era neutralizar as ideias difundidas pelas campanhas anteriores, principalmente aquelas inspiradas nas orientações do pensamento marxista.

Tal motivação política criará novas condições para a retomada da tese da inferioridade e incapacidade do analfabeto. Assim, as concepções produzidas sob o império dessa tese irão ser realimentadas por diversas medidas que, ao lado da Cruzada ABC, compunham o "esforço" governamental na erradicação do analfabetismo.

Em relação a esses esquemas teóricos vale, aqui, reproduzir alguns breves enunciados que manifestam o preconceito contra o analfabeto, por alguns recortes feitos com base no trabalho de Paiva (1973, p. 266-67) e que, consequentemente, negam a cidadania, os direitos sociais e políticos do analfabeto:

> [...] o analfabeto é uma pessoa intelectualmente incapaz de servir-se da comunidade, de integrar-se no processo de desenvolvimento e de participar do contexto político.

Tal como as iniciativas anteriores, engendradas pelo regime militar, o Mobral (1970-1985) irá fortalecer a ideia do analfabetismo como responsabilidade do indivíduo, como um problema de causa isolada e individual, sem relacioná-lo, por isso mesmo, às questões sociais, políticas e econômicas responsáveis pela sua produção. Ao mesmo tempo, irá enfatizar a alfabetização como condição essencial para o desenvolvimento econômico do país.

Outro aspecto relevante está na construção de uma forma sutil de preconceito contra o analfabeto, pois, ao se ressaltar que só a leitura e a escrita permitiriam ao sujeito descobrir suas funções e seu papel, no tempo e no espaço em que vive, pereniza-se a ideia elitista de sua incapacidade para pensar sobre si e sobre o mundo.

Ao retomarmos as críticas feitas pela imprensa sobre o livro *Para uma vida melhor*, em diálogo com Freire (1992), podemos entender que a ausência de um projeto coletivo cultural e democrático diante da questão do analfabetismo constitui um equívoco epistemológico original cometido pelas classes dirigentes e dominantes, o que pode acentuar que a crítica elitista à linguagem falada pelas classes populares[5] e, em especial, pelos alfabetizandos nega a existência das variedades linguísticas, negando também, em última instância, os sujeitos não alfabetizados como sujeitos produtores de conhecimento.

---

5. Recorremos a Gramsci (2000, 2002) ao empregar com frequência a expressão "classes subalternas", referindo-se ao proletariado como tal dentro das sociedades de formação capitalista. É interessante observar que esse autor italiano, em muitas passagens dos seus escritos, utiliza as expressões "massas populares", "camadas populares", "classes dominadas" e "classes subordinadas" para designar a relação de dominação e exploração dessas classes em relação às classes sociais hegemônicas ou dominantes.

Freire provoca-nos ainda mais ao afirmar que um dos erros mais frequentes nos trabalhos dos intelectuais advém da tendência de querermos levar para os sujeitos aos quais nos dirigimos a nossa "verdade" técnica e científica, sem refletir sobre os condicionantes sociais, históricos e culturais que produziram a realidade na qual vivem esses sujeitos.

Outro erro, explica Freire, é o de subestimarmos o poder e a capacidade que as classes oprimidas possuem de conhecer e problematizar a sua própria realidade, sem ter de esperar que algum "iluminado" venha a fazer isso por elas e para elas. Dessa presunção elitista e epistemológica, acrescenta o autor, surge a atitude preferencial dos técnicos ou intelectuais em transformarmos as classes oprimidas em objeto de conhecimento ou receptor passivo das doações ou ideias que lhes introjetamos.

Sobre isso, vale a pena mencionarmos o trabalho de Spivak (2010), que nos provoca com a pergunta-título do seu livro *Pode o subalterno falar?* Apoiada na formulação teórica de Gramsci sobre as classes populares, a autora discute o problema da representação do subalterno na sociedade, tendo a sua palavra subsumida pela do intelectual. Na perspectiva de Spivak, o intelectual fala pelos grupos oprimidos e, assim fazendo, ao representar a fala desses grupos, representa a si mesmo.

E NA ESCOLA, JOVENS E ADULTOS "FALAM" EM SUAS PRODUÇÕES ESCRITAS?

A despeito de os recentes resultados censitários demonstrarem que os números do analfabetismo no Brasil expressam uma lenta redução entre a população maior de 15 anos de idade, ao menos nos últimos dez anos, os números totais revelam que, entre a população com mais de 10 anos de idade, 14,61 milhões não são alfabetizadas (IBGE, 2010).

Ainda que tenha sido aumentada a cobertura de políticas públicas indutoras de escolarização de jovens e adultos, especialmente em escala municipal, em nossos trabalhos de pesquisas com os professores, professores e estudantes na educação de jovens e adultos trabalhadores, temos constatado que a questão das práticas de leitura e escrita precisa ser ressignificada e mais bem compreendida quando analisada nos contextos escolares.

Ao problematizarmos, com os professores de três turmas de alfabetização da escola, as dificuldades de acesso a textos escritos considerados "adequados para a alfabetização de jovens e adultos"[6], mobilizamo-nos a compreender se os enunciados dos estudantes poderiam contribuir para a mediação entre oralidade e escrita, ampliando as possibilidades de alfabetização dos estudantes.

Bakhtin (2000) desenvolve o significado dessa noção ao nos dizer que a fala só existe, na realidade, na forma concreta dos enunciados de um sujeito. Os enunciados constituem-se, pois, em *unidades reais* da comunicação. Assim, a enunciação é formada pelo encadeamento dessas unidades, que correspondem aos elos na cadeia da comunicação verbal.

Essa tese bakhtiniana aproxima-se da perspectiva da teoria da ação dialógica de Paulo Freire (1987, p. 166) na relação educador-educando como sujeitos que se encontram para a *pronúncia do mundo*.

Com base nos autores com os quais dialogamos neste trabalho, tínhamos como hipótese a perspectiva de que jovens e adultos como sujeitos de diálogo na corrente da comunicação verbal produzem sentidos sobre a função social da linguagem em diferentes contextos. Por outro lado, perguntávamos como as professoras iriam dispor desse acervo enunciativo, colocando-o em circularidade nas atividades prático-pedagógicas.

---

6. Com efeito, somente no ano de 2011 foi criada pelo governo federal uma política nacional de livro didático para estudantes jovens e adultos – o PNLD EJA. Essa política integra o Programa Nacional de Livro Didático do MEC, cuja escolha de material é realizada pelos professores das escolas públicas que atendem a jovens e adultos.

Dessas inquietaçoes, uma questão se impunha para o desafio da pesquisa: fariam sentido para elas os textos produzidos pelos seus alunos em um contexto social escolar? Como trabalharíamos a tensão entre os textos escritos pelos estudantes com marcas de variedades linguísticas e a gramática normativa?

Nas atividades de pesquisa, buscamos complexificar/superar a lógica que restringe as produções textuais como mera relação codificação/decodificação de signos. Ao compreendermos, com Freire, que *a leitura de mundo precede a leitura da palavra*, compreendemos que jovens e adultos trabalhadores da EJA inseridos em diversos contextos de sociabilidades, como o da família, do trabalho, da igreja, do lazer etc., produzem e atribuem sentidos aos textos que circulam em sala de aula.

Desse modo, os sentidos produzidos pelas professoras poderiam tocar os sentidos dos textos dos estudantes, animando o trabalho com a linguagem escrita como móvel para aproximação aos diversos gêneros textuais. Nessa perspectiva, seria possível para as professoras das turmas da EJA buscarem caminhos teórico-metodológicos para práticas pedagógicas de ensino da língua com jovens e adultos?

A rigor, o que fundamentou as práticas de ensino de textos escritos com jovens e adultos participantes da pesquisa foi a compreensão de que suas histórias de vida narradas oralmente e/ou escritas e os diálogos produzidos em sala de aula produzem sentidos e, portanto, poderiam ser tomados como textos para o diálogo com outros textos.

Os textos de sentidos dos jovens e adultos podem dialogar com as contribuições de Mikhail Bakthin e Paulo Freire, posto que estas irrigam, de maneira original e criativa, o conceito de ideologia, tendo a linguagem, como ação político-cultural, campo crítico e epistemológico a tecer e a ser tecida por esse conceito.

Se Bakhtin toma como seu intenso propósito o de demonstrar que as abordagens filosófico-linguísticas dominantes praticam um reducionismo epistemológico sobre a linguagem, aprisionando-a a um sistema abstrato e monológico, Paulo Freire, por sua vez, critica o fato de que a colonização cultural da palavra retira dela o *seu marco valorativo e ideológico* (Freire, 1987, p. 180).

Pela lente de Bakhtin, a linguística formal, ao tratar a palavra viva como se fosse algo acabado e isolado das situações e experiências sociais humanas, nada mais faz que cortar todos os fios que ligam a palavra ao contexto histórico de sua produção e, portanto, de suas múltiplas significações construídas pelos sujeitos encarnados.

Para a consciência dos indivíduos que fazem parte de uma mesma comunidade linguística, as palavras jamais são ou se apresentam como signos contidos em formas normativas. Na realidade, comenta Bakhtin (1992, p. 95),

> não são palavras que pronunciamos ou escutamos, mas verdades ou mentiras, coisas boas ou más, importantes ou triviais, agradáveis ou desagradáveis, etc. A palavra está sempre carregada de um conteúdo ou de um sentido ideológico ou vivencial.

Assim, será por meio dos diálogos vívidos, vividos ou imaginados que os sentidos refletem e se confrontam no e durante o percurso das amplas temporalidades contextuais. Nesses diálogos, não apenas estão presentes as vozes das pessoas que imediatamente deles participam, mas as vozes distantes que transitam no presente da interação verbal, dando-lhes e/ou confrontando-lhes sentidos.

Na leitura de Freire, o ensino da língua materna, como a alfabetização de jovens, é concebido como um "ato político e um ato de conhecimento, por isso mesmo, como um ato criador" (Freire, 1989, p. 19), daí sua crítica ao ensino mecanizado que reduz o educando à condição de objeto, em vez de torná-lo sujeito do processo educativo. A compreensão crítica do ato de ler é dotada de um movimento dinâmico em que a leitura do mundo precede a leitura da palavra:

> Este movimento do mundo da palavra e da palavra ao mundo está presente. Movimento em que a palavra dita flui do mundo mesmo através da leitura que dele fazemos. De alguma maneira, porém, podemos ir mais longe e dizer que a leitura da palavra não é apenas precedida pela leitura do mundo, mas por uma certa forma de "escrevê-lo" ou de "reescrevê-lo", quer dizer, de transformá-lo através de nossa prática consciente. (*Ibidem*, p. 20)

A rigor, as relações polifônicas e dialógicas de sentidos dos enunciados/textos dos estudantes da EJA, às quais a presente pesquisa procurou manter-se atenta, sugerem a emergência de sentidos esperados e inesperados. Nas teses de Bakhtin e Freire, as palavras, habitadas que são pelas vozes dos outros, são portadoras de visões de mundo nas quais a língua escrita penetra a consciência e a consciência penetra a língua escrita.

Esse desafio orientou nossa vigilância epistêmica durante o período de realização da pesquisa, para a produção de um conjunto de registros documentais orais, escritos e em vídeo a partir das oficinas de produção textual com os jovens e adultos, das quais, neste texto, apresentamos alguns dos seus resultados. Mantivemos a orientação teórico-epistemológica de que o ensino da língua, em sua forma escrita, não pode ser dissociado de sua forma enunciativa na comunicação verbal viva.

Com efeito, sabemos que a linguagem oral constitui um gênero de discurso mais presente na nossa vida cotidiana e em uma comunidade dialógica. Em um contexto escolar, jovens e adultos participam dessa comunidade, são locutores de um *intuito discursivo* de um *querer-dizer*. Esse intuito, em diferentes situações discursivas espontâneas ou estimuladas, possui um caráter subjetivo que, em combinação com o objetivo do diálogo da comunidade, produz sentido, pois compreendido a partir do contexto concreto que o gerou. Podemos compreender melhor essa relação em um dos textos escritos pelos estudantes:

Quando eu era um criança
Eu tinha que trabalhar ao invez de estudar
Eu tinha que trabalhar todo os dias
E quando o padeiro pasava dizendo olha o padeiro
Conpra o pão quem tem dineiro eu ficava muito triste.
A escola eu não podia ir poque o meu pai não deixava.
Ele dizia escola não dar comida a ninguém,
Você trabalha se quiser comer.
(Estudante do sexo masculino, Grupo I Alfabetização)

As estudantes, ao narrarem sua infância pobre e toda sua trajetória de vida, buscam não só palavras que fazem parte do seu cotidiano para descrever suas lutas, suas histórias, mas um *querer-dizer* que se realiza por meio de um gênero do discurso, o discurso oral, ao qual buscam se ajustar independentemente de dominar a gramática normativa e estrutura do texto escrito.

Os textos de jovens e adultos parecem reverberar a discussão enfrentada por Gramsci (2002) sobre *quantas formas e gramáticas podem existir*. Para o autor, existem várias formas e há, certamente, *aquela "imanente" à própria língua, que faz uma pessoa falar "de acordo com a gramática" sem sabê-lo*.

O autor discorre em sua análise dizendo que

> na realidade, além da "gramática imanente" a toda língua, existe, também, de fato, ou seja, ainda que não escrita, uma (ou mais) gramática "normativa", constituída pelo controle recíproco, pelo ensinamento recíproco, pela "censura" recíproca que se manifestam nas perguntas: O que você entendeu ou quer dizer", "Explique-me melhor". Todo este conjunto de ações e reações conflui no sentido de determinar um conformismo gramatical, isto é, de estabelecer "normas" e juízos de correção e incorreção, etc. (*ibidem*, p. 142)

Na linha de orientação dessa discussão enfrentada por Gramsci, podemos inferir que jovens e adultos não alfabetizados ou em processo de alfabetização conhecem a língua materna e engendram esforços para adequar seus enunciados escritos à forma da gramática normativa, como podemos apreender dos textos sobre o tema da história de vida dos estudantes:

Conto de minha vida

Auguns anos atrás eu morava no interior costumava colocar minhas filhas para dormir, e eu colocava a esteira do lado de fora e ficava centada pensando na vida, olhando para o ceu, vendo as estrelas brilhar, e vi uma estrela cadente e fiz três pedidos, educar minhas filhas e superar todos os problemas, e voltar a acreditar no amor. Hoje chege realizar todos, e sou muito feliz.

(Estudante do sexo feminino do GIII – 4º ano do ensino fundamental)

Os textos escritos de jovens e adultos, seja por um gênero discursivo cotidiano biográfico ou literário, enunciam os lugares sociais de sentidos, vale dizer, os contextos vividos, a saga heroica de homens e mulheres simples (Martins, 2000), cujos enunciados refletem conhecimento sobre a gramática normativa. Desse modo, os gêneros discursivos escritos por jovens e adultos organizam as suas falas, moldando-as às formas gramaticais:

O meu retrato

Hoje sinto no rosto as margas
Do meu cansaço, nas minhas
Mãos ainda que cansada de tanto
Trabalhar, mais assim mesmo
Continuam a serem ages!
(Depoimento de estudante do Ciclo II de alfabetização)

Essa análise ancora-se na ideia de que

a língua materna – a composição de seu léxico e sua estrutura – não a aprendemos nos dicionários e nas gramáticas, nós a adquirimos mediante

> enunciados concretos que ouvimos e reproduzimos durante a comunicação verbal viva que se efetua com os indivíduos que nos rodeiam. (Bakhtin, 2000, p. 301)

Emerge dessa perspectiva a compreensão de que os textos de estudantes jovens e adultos se constituem em gêneros discursivos de sentidos e, por isso mesmo, quando ensinamos a língua materna, mantemos viva a corrente dialógica de uma comunidade discursiva como a sala de aula.

Ainda sobre a análise dos textos escritos por jovens e adultos, Geraldi (1999) chama-nos a atenção para o fato de que o ensino da língua materna com ênfase na gramática tem sido compreendido, tradicionalmente, como o meio de correção da expressão linguística dos estudantes, descartando as possibilidades que a linguagem cotidiana pode oferecer para ampliar a sua participação na sociedade.

Para as professoras que participam de nossas atividades de pesquisa superarem a ideia de que precisamos "ensinar certo", a língua materna tem sido um dos principais desafios, sem que isso decorra em situações de constrangimentos e preconceito linguístico:

> Este talvez seja o nosso principal papel, em especial na alfabetização de jovens e adultos. Tenho consciência de que é preciso respeitar a escrita do aluno, mas, também, tenho clareza de que é necessário chamar atenção deles para a escrita dentro da norma culta. Para que eles saibam usá-la em vários contextos sociais.
> (Professora alfabetizadora)

> Entendo que os estudantes jovens e adultos escrevem como falam [...]. Nós mesmos, professores, temos dificuldades de escrever, já que não é em todo momento que fazemos uso da escrita. Entendo que a escrita dos alunos tem as marcas da oralidade, mas temos a obrigação de ensinar a eles o que a sociedade aceita como escrita correta.
> (Professora alfabetizadora)

Compreender o sentido entre o "certo e o adequado", o "errado e o não adequado" coloca-se para as professoras alfabetizadoras que integram a pesquisa em foco como uma fronteira tênue entre a voz e o silenciamento dos estudantes jovens e adultos.

Nesse aspecto é interessante uma vez mais recorrermos à elaboração teórica de Gramsci, ao afirmar que a gramática normativa "só por abstração pode ser considerada separadamente sobre a linguagem viva" e, mesmo que ela seja excluída da escola e deixe de ser escrita, "a camada dirigente mais elevada, que tradicionalmente fala 'a língua nacional'", continuará transmitindo-a de geração a geração (*ibidem*, p. 149).

Nessa perspectiva, é relevante o diálogo com Gramsci (2002, p. 144), ao analisar que o ensino da gramática normativa pressupõe uma "escolha", "uma orientação cultural", e, nesse sentido, "é sempre um ato de política cultural-nacional". Ainda segundo esse intelectual italiano, "não pode haver dúvidas de que há um objetivo a alcançar que requer meios idôneos e adequados, ou seja, de que se trata de um ato político".

A compreensão de que o ensino da língua é sempre um ato político levou Gramsci a desenvolver a perspectiva de que a gramática normativa escrita constitui uma das formas de as classes dirigentes criarem uma hegemonia cultural. Para tanto, uma "língua unitária", como expressão da hegemonia, envolve

> a formação e a ampliação da classe dirigente, a necessidade de estabelecer relações mais íntimas e seguras entre os grupos dirigentes e a massa popular-nacional, isto é, de reorganizar a hegemonia cultural. (*Ibidem*, p. 146)

Em sua análise, Gramsci devolve-nos a questão sobre a noção de hegemonia à qual se dedica intensamente, e a questão da língua é incluída em sua densa reflexão sobre essa noção. Para ele, a hegemonia não implica uma situação de subordinação de uma classe em relação a outra classe, mas da capacidade que elas têm na construção de uma concepção de mundo e de homem, vale dizer, de intensificarem a elaboração de uma "reforma intelectual e moral".

Essa formulação, dentro do pensamento gramsciano, tem importância vital para os grupos subalternos. Ainda segundo Gruppi (1978, p. 5), quando Gramsci discorre sobre hegemonia enquanto direção intelectual e cultural, afirma que essa direção também é e precisa ser exercida no campo das ideias e da cultura. Por meio desse campo, os grupos subordinados expressam a sua capacidade de conquistar o consenso, de elaborar uma concepção de mundo e, assim, de formar uma base social para o exercício da hegemonia, sendo algo que opera "não apenas sobre a estrutura econômica e sobre a organização política da sociedade, mas também sobre o modo de pensar, sobre as orientações ideológicas e sobre os modos de conhecer".

Aqui Gramsci expõe com toda a sua convicção que a transformação da concepção de mundo só é possível, por parte das classes subalternas, com a elevação intelectual e cultural de suas condições de vida e com sua insurgência no cenário da sociedade, visto terem sido elas sempre excluídas dos processos históricos e sociais.

A elevação cultural das classes populares é decididamente fundamental e irremovível desses processos, pois dela é derivada a possibilidade de as classes populares se libertarem do senso comum e das pressões ideológicas interpostas pelas classes dirigentes tradicionais, mas, sobretudo, de se elevarem à condição de classe dirigente e dominante.

Gramsci defende que *todos os homens são intelectuais*[7], haja vista que em todas as atividades nas quais os homens e as mulhe-

7. Embora Gramsci argumente que "todos os homens são intelectuais", ele, porém, afirma que "nem todos os homens têm na sociedade a função de intelectuais". A partir dessa ressalva ele irá progressivamente aprofundando e historicizando esse conceito. Assinala que os grupos sociais, em sua perspectiva de domínio, tentam conquistar ideologicamente os "intelectuais tradicionais" (clérigos, professores, profissionais liberais) na mesma proporção e ao mesmo tempo que tentam elaborar os seus "intelectuais orgânicos".

res empregam suas energias físicas e mentais, das mais simples ou mecanizadas até as mais sofisticadas, está presente a dimensão intelectual humana, criativa e criadora.

À GUISA DE CONCLUSÃO

Ao balizarmos o trabalho docente nas perspectivas teóricas aqui compreendidas, aproximamo-nos uma vez mais de Paulo Freire ao defender que o apoderamento dos gêneros textuais escritos por jovens e adultos é fruto de um "quefazer" que os envolve em suas relações com o mundo e com os outros. Vale dizer, os saberes das classes populares são saberes construídos com base na sua compreensão sobre o mundo, na sua experiência de vida, de trabalho, de afetos, na sua relação com os outros e, portanto, são saberes do cotidiano e da forma como se relacionam com o mundo.

Esse processo tem no diálogo um princípio fundamental, pois o educador, ao dialogar com o educando, o faz sobre situações concretas e enunciados concretos, promovendo mediações sobre o contexto e os meios com e pelos quais o educando se reconhece e com os quais possa se alfabetizar.

Nesse aspecto, esclarece também Bakhtin, a língua escrita é marcada não somente pelos gêneros secundários (literários, científicos, filosóficos, entre outros), mas, também, pelos gêneros primários (linguagem familiar, do trabalho, do cotidiano, entre outros).

A rigor, nossa fala e enunciados estão repletos de palavras dos outros, caracterizadas em graus variados pela alteridade ou pela assimilação, pelo seu emprego consciente ou não. Ao dialogarmos com os textos de jovens e adultos, podemos analisar que estes trazem para o gênero discursivo palavras de outros e introduzem o seu próprio *tom valorativo*, a sua própria expressividade, atribuem novas expressividades e novos tons valorativos, juntando-se à ciranda polifônica que ressona em seus enunciados.

O diálogo solidário e polifônico com professores de jovens e adultos que atuam no sistema público de ensino em um dos maiores municípios do leste metropolitano do Rio de Janeiro, o município de São Gonçalo, teve como objeto de estudo os sentidos atribuídos aos enunciados dos estudantes das turmas dos anos iniciais do ensino fundamental.

Na pesquisa realizada, pareceu-nos possível e rico o diálogo com Gramsci, Paulo Freire e Mikhail Bakhtin, sobre o que de original e criativo esses autores nos sugerem a respeito da linguagem e do ensino da língua em contexto escolar. Com efeito, esse diálogo tem-nos permitido ampliar as possibilidades teórico-metodológicas da pesquisa com os professores. Em especial, ao enfatizarmos os enunciados orais e escritos dos estudantes jovens e adultos, compreendemos ser fundamental atribuir sentidos aos seus enunciados como gêneros discursivos, entendidos como objetos de diálogos, portanto de sentidos, para as práticas de leitura e escrita.

A pesquisa tem contribuído para o aprofundamento compreensivo sobre o papel da linguagem na mediação entre o sujeito-mundo, como defende Paulo Freire, buscando entender que o que falamos e sobre o que falamos emergem de contextos, ao contrário do que, durante muito tempo, foi apregoado por teorias linguísticas que separavam a palavra do mundo que a criou, como acentua Bakhtin.

Isso nos remete aos pressupostos bakhtinianos, que tão bem despertaram essa dimensão dialógica sobre enunciados verbais enquanto signo ideológico. Para esse autor, a palavra não pode ser tomada fora da enunciação, pois é esta que lhe dá vida, inserindo-a no processo ininterrupto da comunicação e garantindo a sua polifonia.

Como diálogo pressupõe trocas de enunciados, a escuta desses enunciados dá vigor à pronúncia de quem os enuncia. Nesse sentido, confirmamos com Paulo Freire a necessidade do aprendizado do "saber escutar", pois

> somente quem escuta paciente e criticamente o outro fala com ele, mesmo que, em certas condições, precise de falar a ele. [...] O educador que escuta aprende a difícil lição de transformar o seu discurso, às vezes necessário, ao aluno, em uma fala com ele. (Op. cit., p. 113)

Entendemos a escuta sobre o *querer-dizer* como uma ponte por onde transitam os sentidos dos discursos de professores e estudantes de jovens e adultos. Por ela esses sujeitos podem se determinar a realizar encontros dialógicos sobre objetos de sentidos, como afirma Bakhtin (1992, p. 95) a respeito da forma como reagimos às palavras que pronunciamos ou escutamos:

> A palavra está sempre carregada de um conteúdo ou de um sentido ideológico ou vivencial. É assim que compreendemos as palavras e somente reagimos àquelas que despertam em nós ressonâncias ideológicas ou concernentes à vida.

Para nós[8] que desenvolvemos a pesquisa significa que, na prática da docência com jovens e adultos, o ensino da língua pressupõe, inequivocamente, realizar-se com textos que despertem dialogicamente, em professores e estudantes da EJA, as ressonâncias sobre o que move os nossos sentidos sobre a vida em diferentes contextos e relações.

Ainda sobre os resultados da pesquisa, ressaltamos dois relevantes aspectos: se, por um lado, a preocupação por parte das professoras com a correção linguística se manteve como objetivo principal do ensino da língua materna, por outro lado os enunciados dos estudantes foram reconhecidos como textos, objetos de sentido para o ensino da língua, cujo diálogo com outros textos favoreceu o encontro de várias consciências, de vários textos.

---

8. A equipe da pesquisa foi composta pelos bolsistas de iniciação à docência Milena Bittencourt, Kesley Vieira Ramos, Josiane Gomes Cortes e Maria Luiza Wilker da Silva Cortes e pela bolsista de iniciação científica Marcela Parmanhane Guimarães Garcia.

A questão que continua a nos desafiar está na manutenção de uma atitude libertadora para que jovens e adultos trabalhadores possam falar por meio dos seus textos orais e escritos, representando-os. Nesses termos, entendemos que ler e escrever, para jovens e adultos, pode significar expressão criadora e, como nos diz Gramsci, um dos principais atos de *expansão da vida interior.*

REFERÊNCIAS

ALVARENGA, M. S. *Produção de sentidos sobre políticas de formação de professores de jovens e adultos em escolas de periferias urbanas.* [S.l.]: CNPq, 2010. Relatório de pesquisa.

BAKHTIN, M. (V. N. Volochinov). *Marxismo e filosofia da linguagem.* 6. ed. São Paulo: Hucitec, 1992.

_______. *Educação e mudança.* Rio de Janeiro: Paz e Terra, 1979.

_______. *Ação cultural para a liberdade.* Rio de Janeiro: Paz e Terra, 1982.

_______. A importância do ato de ler: em três artigos que se completam. São Paulo: Cortez, 1989.

_______. *Estética da criação verbal.* São Paulo: Martins Fontes, 2000.

FREIRE, P. *Pedagogia do oprimido.* São Paulo: Paz e Terra, 1987.

_______. *Extensão ou comunicação.* São Paulo: Paz e Terra, 1992.

_______. *Pedagogia da Esperança: um reencontro com a Pedagogia do Oprimido.* São Paulo: Paz e Terra, 1996.

GERALDI, W. J. "Da sala de aula à construção externa da aula". In: ZACCUR, E. (org.). *A magia da linguagem.* Rio de Janeiro: DP&A, 1999.

GRAFF, H. *Os labirintos da alfabetização.* Porto Alegre: Artes Médicas, 1994.

GRAMSCI, A. *Cadernos do cárcere,* v. 3. Tradução, organização e edição de Carlos Nelson Coutinho, Marco Aurélio Nogueira e Luiz Sérgo Henriques. Rio de Janeiro: Civilização Brasileira, 2000.

______. *Cadernos do cárcere,* v. 6. Tradução, organização e edição de Carlos Nelson Coutinho, Marco Aurélio Nogueira e Luiz Sérgio Henriques. Rio de Janeiro: Civilização Brasileira, 2002.

GRUPPI, L. *O conceito de hegemonia em Gramsci.* Rio de Janeiro: Graal, 1978.

MARTINS, J. S. *A sociabilidade do homem simples.* São Paulo: Hucitec, 2000.

MARTINS, J. S.; ECKERT, C.; CAIUBY, N. (orgs.). *O imaginário e o poético em ciências sociais.* Bauru: Edusc, 2005.

NUNES, C. "Uma visão histórica da educação de adultos no Brasil". *Cadernos ESSE*, , n. 1, Niterói, 1993.

PAIVA, V. *Educação popular e educação de adultos.* São Paulo: Loyola, 1973.

Ramos, H. *Por uma vida melhor*. Coleção viver e aprender. São Paulo: Global, 2011.

Spivak, G. C. *Pode o subalterno falar?* Tradução de Sandra Regina Goulart Almeida, Marcos Pereira Feitosa e André Pereira Feitos. Belo Horizonte: Ed. UFMG, 2010.

8 Gêneros discursivos, ensino de língua estrangeira e prática docente: a vida em capas de revistas

Isabel Cristina R. Moraes Bezerra

GÊNEROS DISCURSIVOS: DA ORGANIZAÇÃO RETÓRICA À AÇÃO SOCIAL

Esforços no sentido de entender e caracterizar gêneros discursivos têm sido frequentes na área de estudos literários e da linguagem. Todorov, discutindo a questão com relação à literatura, já sinalizava o aspecto dinâmico deles ao afirmar que "um novo gênero é sempre a transformação de um ou de vários gêneros antigos, por inversão, por deslocamento ou por combinação" (Todorov, 1980, p. 46). O autor, da mesma forma, assegurava que "os gêneros existem como instituição, que funcionam como 'horizontes de expectativa' para os leitores, como 'modelos de escritura' para os autores" (*ibidem*, p. 49). Entende-se, portanto, que há marcas características aos gêneros em sua forma, estrutura e temática. Elas indicariam para o autor como produzi-los e, para o leitor, como encaminhar a leitura.

Bakhtin, em sua reflexão sobre linguagem, propõe a enunciação como algo essencialmente de natureza social. Assim sendo, toda palavra é determinada tanto por proceder de alguém como por dirigir-se a alguém. Esse autor localizou os gêneros discursivos (orais e escritos) dentro de esferas de utilização da língua e conceituou-os como "tipos relativamente estáveis de enunciados" (Bakhtin, 2000, p. 279). Ao fazê-lo, Bakhtin sinalizava a existência de marcas recorrentes que permitem aos usuários da língua reconhecê-los e produzi-los. Ao mesmo tempo, o autor reconhecia o seu caráter dinâmico e mutável com o decorrer do tempo, dos diversos contextos de produção/uso, das diversas atividades humanas. Reconheceu-lhes ainda a grande variedade, atrelando tal diversidade à pluralidade das atividades humanas. Ou seja, os gêneros emergem das necessidades de negociação de significados, vinculadas às atividades nas quais as pessoas se envolvem. Por isso, os gêneros discursivos são determinados pelo contexto de produção, pelas intenções discursivas dos interlocutores, pelo momento sócio-histórico em que a interação acontece; e pelas relações reais ou desejadas entre os interlocutores e projetadas no discurso, na medida em que estão marcadas pelas escolhas ou seleções dos elementos linguísticos (léxico, estruturas gramaticais etc.) feitos pelos falantes/escritores. Ao posicionar-se dessa forma, Bakhtin apontava para uma perspectiva socioconstrucionista do discurso e, consequentemente, dos gêneros discursivos.

Apresentando sua perspectiva de gênero, Marcuschi (2002) denomina-os gêneros textuais. Para ele, estes são "fenômenos históricos, profundamente vinculados à vida cultural e social", contribuindo para "ordenar e estabilizar as atividades comunicativas do dia a dia", sendo, por isso, "entidades sociodiscursivas e formas de ação social" (*ibidem*, p. 19). Conquanto não haja uma menção explícita, Marcuschi alinha-se à perspectiva bakhtiniana ao localizar os gêneros sócio-historicamente. Assim como Todorov e Bakhtin, Marcuschi não entende os gêneros textuais como entidades estáticas. Na verdade, eles "surgem emparelhados a necessidades e atividades socioculturais, bem como na relação com inovações tecnológicas" (*ibidem*, p. 19). Ao atrelar a produção dos gêneros não apenas a questões de ordem cultural, mas também tecnológicas, Marcuschi enfatiza a dinamicidade e uma potencialidade de modificações dos gêneros no sentido de atender àquelas demandas, ao mesmo tempo que guardam características prototípicas que permitem seu reconhecimento e produção pelos membros das comunidades que lhes deram origem e os utilizam.

Segundo Rojo, a definição de gênero proposta por Marcuschi "apesar do dialogismo com as vozes bakhtinianas [...] está bastante distante da visão de *enunciado* ou texto como *produto material* (*materialização*) de um universal igualmente *concreto* que é o *gênero*" (Rojo, 2005, p. 188, grifos do autor). Da mesma forma, a autora aponta que, em estudos sobre gênero textual, incluindo-se aqui a proposta de estudo de Marcuschi, percebe-se um foco na descrição mais textual, havendo pouco espaço para a abordagem da significação.

Ademais, entendo que a conceituação de gênero textual proposta por Marcuschi não parece problematizar a questão do acesso a ele, conforme apontado por Meurer (2000). Embora se alinhando a Marcuschi no que diz respeito ao fato de os gêneros textuais serem "caracterizados por funções específicas e organização retórica mais ou menos típica" e, além disso, serem "reconhecíveis pelas características funcionais que exibem e pelos contextos em que são utilizados" (Meurer, 2000, p. 150), Meurer aponta não apenas para o fato de que o contexto de produção modifica os gêneros discursivos, mas, principalmente, de que os gêneros discursivos são "formas de interação, reprodução e possível alteração sociais". Esse movimento de mão dupla implica um entendimento de que o discurso/gêneros discursivos tem (têm) o potencial de reconstruir o social, exatamente por ser(em) uma forma de ação social. Outra implicação do entendimento de Meurer diz respeito à problematização sobre quem tem acesso a quais tipos de textos, em quais circunstâncias, com quais objetivos. Dessa forma, o domínio de certos gêneros pode permitir o acesso a determinadas comunidades discursivas, a oportunidades em determinados contextos sociais. Isso remete a Freedman (1994, p. 194), que chama a atenção para a relevância dos contextos em que os gêneros são produzidos. Assim, há um motivo social transformador do gênero em uma resposta a situações recorrentes socialmente construídas, envolvendo um leque de possíveis dimensões: social, cultural, política, ideológica e discursiva.

Considerando a discussão acima, tomo uma concepção de gênero que envolve não apenas as questões acerca da relação direta do usuário da língua com as necessidades comunicativas, atividades desenvolvidas, características retóricas, prototipicalidade e flexibilidade. Alinho-me a Bakhtin e a Meurer quanto ao fato de gêneros serem formas de ação social, implicando toda sorte de interferência que podem ter na construção do mundo social e do posicionamento do outro nas comunidades discursivas, posto que o acesso desigual aos gêneros discursivos pode contribuir para o cerceamento da atuação social dos usuários da língua e o exercício de sua cidadania. Da mesma forma, tomo da argumentação de Freedman a perspectiva de que é crucial focar as diversas dimensões imbricadas nos gêneros, já que colaboram para que recuperemos questões como o exercício de poder e a forma como o mundo social é configurado.

DISCURSO, LETRAMENTO E O ENSINO DE LÍNGUA ESTRANGEIRA (LE)

Para aprofundar as questões que apontei acima, abordo, inicialmente, um pouco da reflexão de Fairclough (2012) sobre discursos e práticas sociais. Ao fazê-lo, tenho por objetivo adensar a discussão sobre a relação "linguagem/gêneros – ação social – poder", articulando-a ainda ao modelo ideológico de letramento em língua materna (Street, 1995, *apud* Magalhães, 2012), o qual, segundo pretendo argumentar, pode ser tomado como uma referência para o ensino de LE, desde que esse seja entendido, da mesma forma, como uma possibilidade de letramento para o aprendiz.

Para Fairclough, toda prática social envolve atividades, sujeitos e suas relações sociais, instrumentos, objetos, tempo e lugar, formas de consciência, valores e discurso. O autor afirma que "o discurso como parte da atividade social constitui os gêneros discursivos", sendo estes "formas de agir, de produzir vida social, no modo semiótico" (Fairclough, 2012, p. 95). Ressalto o caráter de socioconstrução por meio do discurso presente nos postulados do autor, em diálogo direto com os entendimentos sobre gêneros discursivos já apresentados. Fairclough ainda distingue "Discurso" – nome abstrato – de "discurso(s)" – representações variadas da vida social mediante diferentes discursos como os da política, da medicina, das ciências sociais, entre outros. Dessa forma, o discurso: é sempre situado; pressupõe relações de poder; opera na construção de representações dos atores sociais sobre como se posicionam no discurso; e é fundamental no processo de construção identitária dos envolvidos nas práticas sociais.

As práticas sociais, por sua vez, por estarem organizadas em rede, constituem uma "ordem social", cujo aspecto discursivo ou semiótico é o que Fairclough denomina "ordem do discurso", ou seja, "é a forma em que os gêneros, discursos e estilos são reunidos numa rede" (*ibidem*, p. 96). Ainda para o autor, dada ordem do discurso seria "uma estruturação social da diferença semiótica ou um ordenamento social particular de diferentes formas de fazer sentido" (*ibidem*). Assim, os discursos que permeiam as práticas sociais, presentes em diversos gêneros, podem apontar para posições de alinhamento ou perspectivas de embates em relação a discursos hegemônicos. Além disso, os diversos discursos que circulam socialmente podem trazer diferentes perspectivas, propostas de configuração identitárias, dependendo dos contextos, atores, valores etc. acionados. É o caso, por exemplo, da forma como as pessoas portadoras de necessidades especiais são representadas em diferentes discursos nas práticas sociais da medicina, das políticas públicas, da mídia, de organizações não governamentais etc. Assim sendo, os gêneros produzidos nessas práticas sociais, e consumidos em diversos contextos de interação, encaminham tais discursos. Esses, por consequência, podem incluir representações sobre como as coisas são ou deveriam ser, naturalizar sentidos, encaminhar novos projetos identitários.

O olhar de Fairclough às práticas sociais e à forma como as práticas discursivas estão a elas vinculadas dialoga com a discussão que Magalhães (2012) desenvolve acerca do letramento de jovens e adultos em língua materna (LM). Fundamentada em Goody e

Watt (1972) e em Street (1995), entre outros, a autora aborda tanto o modelo autônomo quanto o ideológico de letramento, bem como as implicações de cada um para o aprendiz brasileiro. Segundo a autora, o modelo autônomo de letramento provoca na prática docente – e na prática de formação de professores – o uso do texto deslocado de seu contexto de produção, sem discussão no contexto de recepção, fazendo que o texto seja abstraído do contexto social. Em outras palavras, o evento de leitura – e, da mesma forma, o de escrita – aconteceria de forma independente da vida social, a qual deveria ser o seu pano de fundo. Mais especificamente no que diz respeito ao evento de escrita, a consequência mais perversa para o aprendiz seria fazer que ele se sentisse incapaz de produzir um texto simplesmente por desconhecer ou não conhecer suficientemente a gramática da LM. Considerando que leitura e escrita são práticas sociais situadas em contextos sócio-históricos, a autora chama a atenção para o fato de que ambas podem diferir a partir da relação entre a dimensão discursiva e outras dimensões da prática (*ibidem*). Ou seja, a produção escrita no contexto acadêmico/escolar está subordinada a um discurso sobre escrita. Dessa forma, caracteriza-se um tipo de letramento, mas há outros discursos sobre a escrita em outros contextos e práticas, relacionados ao fazer do sujeito escritor.

Já o modelo ideológico proposto por Street (1995, *apud* Magalhães, 2012, p. 28) baseia-se nos seguintes pressupostos:

> 1) A leitura e a escrita são práticas sociais atravessadas por relações de poder e por ideologias [...]
>
> 2) Por isso mesmo, é mais adequada à análise do letramento uma perspectiva teórica que considere tais dimensões do contexto social como classe, gênero social, etnia. Segundo Street, essa teoria é fundamental para a análise dos modos como as relações de poder são exercidas e mantidas mediantes a leitura e a escrita. [...]
>
> 3) As relações de poder estabelecidas nas práticas sociais de leitura e escrita são mantidas pela ideologia.

Destaco que, para Street (1993, p. 8, *apud* Magalhães, 2012, p. 29), ideologia "é o lugar de tensão entre a autoridade e o poder, de um lado, e a resistência e a criatividade, do outro". Entendida dessa forma, não há um reducionismo no conceito. Pelo contrário, essa conceituação permite uma leitura que remete ideologia a dinamismo, criatividade, conflito e possibilidade de mudança por meio do discurso. Considerando que, para Fairclough (2012), à semelhança de Street, a ideologia está presente nas estruturas e nos eventos sociais, nesses eventos podem ocorrer transformações nas relações de poder. Sendo assim, tais transformações podem gerar modificações nas práticas linguístico-discursivas dos atores sociais. Discutindo a educação linguística, com base em uma análise crítica ao discurso e às práticas discursivas, Fairclough (1996, p. 6) afirma:

> Uma educação linguística focada no treinamento de habilidades linguísticas, sem um componente crítico, estaria faltando com sua responsabilidade para com os aprendizes. As pessoas não podem tornar-se cidadãos efetivos em uma sociedade democrática se a sua educação as deserda de uma consciência crítica sobre elementos chave em seu ambiente físico e social. Se estivermos comprometidos com uma educação que estabeleça recursos para a cidadania, ter consciência crítica sobre as práticas de linguagem da própria comunidade discursiva é um direito [do aprendiz].[1]

Como decorrência, essa educação estaria, com base nas práticas de professores de língua, operando em favor de transformações das práticas linguístico-discursivas, pela ressignificação de discursos que disseminam preconceitos e discriminam e pela reflexão sobre significados naturalizados presentes em textos de vários gêneros.

A proposta de letramento delineada por Street e a discussão de Fairclough sobre educação linguística crítica dialogam e apontam para uma reflexão sobre a inserção de gêneros diversos em LM em

1. As transcrições dos textos em inglês são de minha autoria e responsabilidade.

práticas de compreensão e produção escrita. No entanto, argumento que as questões trazidas por esses autores podem balizar a educação linguística do aprendiz de LE, pois aprendê-la deve, igualmente, levar à percepção dos discursos e das ideologias imbricados nos textos que circulam socialmente em LE, mediando e dando forma a diferentes práticas sociais. Da mesma forma, a reflexão de Meurer sobre gêneros discursivos, aliada à problematização sobre o acesso a diferentes tipos de gêneros e sobre relações de poder, alinha-se às propostas de Street e Fairclough, podendo contribuir para caracterizar uma proposta de letramento em LE, entendida como via de mão dupla por colaborar para o letramento em LM. É o que apontam os PCN-LE (Brasil, 1998, p. 20), que preconizam um ensino com foco em leitura, sem descartar a compreensão oral ou a produção oral e escrita:

> [...] a aprendizagem de leitura em Língua Estrangeira pode ajudar o desenvolvimento integral do letramento do aluno. A leitura tem função primordial na escola e aprender a ler em outra língua pode colaborar no desempenho do aluno como leitor em sua língua materna.

Na verdade, entendo que o desenvolvimento de qualquer uma das habilidades comunicativas – produção oral/escrita, compreensão oral/escrita – na aprendizagem de LE tem o potencial de colaborar para o letramento em LM do aprendiz nos termos discutidos acima. Foi exatamente a busca de vivenciar tal proposta, articulada à proposta ético-filosófica e pedagógico-reflexiva da Prática Exploratória, que provocou o presente estudo.

PRÁTICA EXPLORATÓRIA: PARA REFLETIR SOBRE A VIDA DENTRO E FORA DA SALA DE AULA

A Prática Exploratória (PE) é uma proposta ético-filosófica e inclusiva que pode fundamentar tanto a prática pedagógico-

-reflexiva quanto a investigativa do professor de línguas. A PE foi o fio condutor de toda a ação pedagógico-reflexiva pela qual envolvi meus alunos e a qual descrevo e analiso mais profundamente nas próximas seções.

A PE não é uma metodologia de ensino, embora seus princípios[2] possam ser tomados como balizadores da prática docente. Surgida na década de 1990, a PE foi idealizada por Allwright (Allwright e Bailey, 1996) como uma resposta a uma prática de pesquisa em sala de aula e sobre a sala de aula vigente à época, tendo sido conduzida por pesquisador externo. A crítica feita por Allwright é que tal pesquisa não se alinhava aos interesses dos investigados, i.e., professor e alunos. Em seu texto, Allwright enfatizou a importância do professor no processo de pesquisa, uma vez que, pela investigação da vida em sala de aula, o professor exploratório conseguiria não apenas atingir seus objetivos pedagógicos, mas também contribuir para aumentar o conhecimento geral obtido por meio de pesquisa sobre o funcionamento da sala de aula de línguas (*ibidem*, p. 197). Foi exatamente nesse texto seminal que Allwright propôs uma definição do que seria Ensino Exploratório – primeira denominação dada à Prática Exploratória –, que me interessa mais particularmente. Ele seria

> [...] um ensino que não apenas experimenta novas ideias, mas que também tenta aprender ao máximo com essa prática. Na verdade, não é preciso necessariamente experimentar novas ideias para ser um professor exploratório. Qualquer professor que seja bom e experiente certamente preencherá muito do tempo de aula com atividades que já foram testadas e que são confiáveis. Transformar esse "bom" ensino em "ensino exploratório" é uma

2. Os princípios da Prática Exploratória são: priorizar a qualidade de vida. Trabalhar para entender a vida na sala de aula ou em outros contextos profissionais. Envolver todos nesse trabalho. Trabalhar para a união de todos. Trabalhar para o desenvolvimento mútuo. Integrar esse trabalho com as práticas de sala de aula ou com outras práticas profissionais. Fazer que o trabalho para o entendimento e a integração sejam contínuos. (Miller *et al.*, 2008, p. 147)

questão de descobrir o que faz com que aquilo que faz as ideias testadas e confiáveis serem eficientes. Porque, ao final de contas, não é suficiente saber que as ideias funcionam. Precisamos saber por que e como elas funcionam. (*Ibidem*, p. 197)

Essa definição trouxe em seu bojo uma ideia desenvolvida posteriormente por Allwright acerca das Atividades Pedagógicas com Potencial Exploratório (APPE), ou seja, as atividades que o professor desenvolve em sala e com as quais está acostumado. Elas podem ser ferramentas para levar os alunos não apenas a aprender, mas também a refletir sobre um *puzzle*, i.e., uma questão que mobiliza o professor e os seus alunos, e que se quer entender melhor por meio de uma ação coletiva para isso. Tal *puzzle* pode estar relacionado à língua que se aprende (Por que meus alunos têm dificuldade de entender a utilização do *present perfect*? Por que o adjetivo vem antes do substantivo em um grupo nominal?), às atividades de ensino (Por que as atividades de *pair work* parecem não funcionar com essa turma? Por que atividades de *listening* parecem ser tão difíceis para os alunos?) e sobre a vida em sala de aula e/ou fora dela (Por que meus alunos não conseguem fazer trabalho em grupo? Por que meus alunos usam MP3 durante a aula? Por que algumas adolescentes engravidam apesar das informações disponíveis sobre métodos contraceptivos?). Embora os exemplos apontem para situações um tanto problemáticas, os *puzzles* podem, da mesma forma, ser constituídos de questões positivas (Por que as atividades de *listening* produzidas a partir de músicas em inglês são as preferidas da turma? Por que a pós-leitura da Unidade 5 fez que os alunos da turma se envolvessem tanto e quisessem participar?).

À medida que o professor e seus alunos trabalham em sala de aula para refletir sobre o *puzzle*, ao mesmo tempo que a língua estrangeira é aprendida de forma significativa, há igualmente um processo reflexivo em desenvolvimento e que envolve os praticantes. Nesse sentido, parece-me que a ação docente e a discente preconizadas pela PE levam à construção conjunta de conhecimentos, reconhecendo o potencial de agentes que cada praticante traz para o processo. Da mesma forma, o trabalho de "priorizar a qualidade de vida", que leva ao exercício de ouvir o outro, reforçando o espaço para o humano, para a geração de laços, pode ser articulado à teorização vygotskiana (Vygotsky, 2008), que entrelaça a cognição ao afeto como elementos inseparáveis, partes do mesmo processo, isto é, de aprender.

UMA EXPERIÊNCIA A PARTILHAR: O ENSINO DE LE POR MEIO DE GÊNEROS DISCURSIVOS

O trabalho investigativo reflexivo aqui relatado desdobrou-se em um instituto de educação localizado na Baixada Fluminense, no Rio de Janeiro. Na época, 2011, eu lecionava inglês para alunos do primeiro e segundo anos. Para fundamentar minha prática, além da base teórica construída em minha formação, utilizava os pressupostos e a orientações contidos em três documentos oficiais. Da instância federal, utilizava os Parâmetros Curriculares Nacionais – Língua Estrangeira (Brasil, 1998) e as Orientações Curriculares para o Ensino Médio (Brasil, 2008). Da instância estadual, utilizava a Reorientação Curricular (Seeduc-RJ, 2005). Em consonância com tais documentos, as aulas tinham maior foco no ensino de compreensão escrita, embora houvesse lugar para atividades de produção escrita e de produção-compreensão oral – todas sempre vinculadas a tarefas de compreensão escrita. Havia um movimento constante no sentido de vivenciar com meus alunos um processo de ensino-aprendizado com foco em gêneros discursivos e, da mesma forma, levar em consideração a discussão de Fairclough e de Street.

Para as aulas, eu preparava unidades didáticas com base em textos de diversos gêneros. O texto selecionado servia para os seguintes propósitos: estudo dos aspectos sistêmicos, estudo da organização retórica, reflexão sobre o contexto de produção e de recepção do texto, compreensão leitora. Havia também estudo sobre as escolhas lexicais feitas pelo(a) autor(a) para tentarmos entender que significados poderiam ser construídos acerca da temática trazida pelo texto e como ela poderia relacionar-se com a vida vivida dentro e fora da sala de aula, segundo a proposta da PE. Essa relação poderia ser explorada de diversas formas, dependendo de minha sugestão ou da sugestão dos alunos. Isso incluiria dramatizações, produção e apresentação de pôsteres, produção de paródias de músicas etc. Embora a produção textual em LI não fosse o maior foco das aulas, sempre era vivenciada nessas situações, sendo os alunos incentivados a escrever, de forma que seus textos refletiam o seu momento no processo de letramento em LI. Todo o trabalho pedagógico ancorado nos gêneros trazia, portanto, uma proposta de reflexão sobre discursos hegemônicos ou não, de forma a discutirmos e repensarmos a vida social em sala de aula, na escola e além de seus muros, bem como sobre as possibilidades de reconstruí-la discursivamente em outras bases.

O INSTITUTO DE EDUCAÇÃO

Localizado na Baixada Fluminense, o instituto de educação onde atuei passou a oferecer o curso de formação de professores para os dois primeiros segmentos do ensino fundamental em regime integral a partir de 2008, por determinação da Secretaria de Educação do Estado. São recebidos pela escola alunos do próprio município em que a escola está localizada e de municípios vizinhos. São alunos que estudaram em escolas municipais, estaduais ou particulares. No que concerne a experiências anteriores de estudar uma LE, apresentam uma grande diversidade. Há alunos que estudam ou que já estudaram inglês em cursos de idiomas. Entre esses, há alguns que, inclusive, terminaram o ciclo básico e/ou intermediário. Há muitos aprendizes que apenas tiveram a experiência da escola, mas se encontram em alguma das seguintes situações:

[a] estudaram inglês do sexto ao nono ano; [b] estudaram francês ou espanhol de forma descontínua; [c] estudaram uma LE a cada ano; [d] nunca estudaram uma LE. Pelos relatos dos alunos, normalmente o foco do ensino recaía sobre aspectos gramaticais, o que esperavam experienciar novamente nas aulas de inglês.

Considerando esse cenário, muito do meu trabalho em sala era também devotado ao acolhimento dos alunos em suas dificuldades. Era preciso coconstruir um espaço em que os aprendizes se sentissem mais seguros para se envolver em atividades e resolver exercícios com os quais não estavam acostumados. Assim, a proposta de leitura precisava ser desenvolvida de tal forma que promovesse o acionamento de estratégias e habilidades que possivelmente já houvessem construído em LM ou pudessem desenvolvê-las em LE. Se assim não fosse, a tarefa de resolver atividades era muito difícil para esses aprendizes, porquanto queriam entender palavra por palavra, sem atentar para o gênero do texto, sua configuração retórica, a presença de ilustrações/gráficos, entre outros elementos. Ademais, o trabalho de análise das seleções lexicais, da percepção da posição assumida pelo(a) autor(a) com relação à temática tratada e à identificação de possíveis discursos gerados em práticas sociais diversas, na perspectiva de letramento discutido acima, era muitas vezes difícil para eles, exatamente pelas experiências de aprendizagem de LE anteriores.

Era preciso, igualmente, vencer-lhes a resistência para haver engajamento nas atividades que objetivavam levá-los à produção escrita. Elas eram propostas após a leitura e desenvolvidas em aula. Os aprendizes contavam com meu auxílio e o de colegas, não apenas no sentido de solicitar ajuda em relação a uma palavra ou estrutura que desejassem usar, mas também no de a produção poder ser feita em duplas ou trios, favorecendo o auxílio mútuo. As atividades de produção escrita quase sempre envolviam oportunidades de aprofundamento da reflexão individual e coletiva sobre *puzzles* ou a temática do texto. Abrangiam, da mesma forma, a oportunidade de produção de um texto vinculado ao gênero discursivo que havia sido o ponto de partida da unidade didática com foco em leitura. Embora muitos aprendizes enfrentassem dificuldades para produzir por vezes uma única sentença, verifiquei que, para vários deles, o fato de produzirem em LI funcionava como um incentivo, um momento de superação. Em muitos casos, as palavras em inglês estavam lado a lado com palavras em português na mesma sentença. Esse esforço representava o momento de aprendizagem de cada um. Com base nos entendimentos que tenho construído como professora exploratória e na articulação cognição-afeto proposta por Vygotsky (2008), nenhum texto poderia ser descartado, para que o aprendiz não se sentisse incapaz ou excluído.

Algumas vezes era difícil e trabalhoso vencer a resistência dos aprendizes para esse encaminhamento das aulas. Um dos motivos era exatamente o fato de a proposta que se buscava desenvolver não privilegiar a memorização de regras gramaticais e os tipos de atividades decorrentes desse foco. Obviamente, isso não significa que as atividades propostas excluíssem os elementos sistêmicos. A questão é que eles eram introduzidos e trabalhados no sentido de fundamentar os processos de leitura e de escrita, fomentando a leitura crítica dos textos de diversos gêneros e uma produção textual mais contextualizada e articulada com as experiências dos aprendizes. Por outro lado, conforme a análise da produção dos aprendizes ajudará a mostrar, muitos alunos conseguiam desenvolver as habilidades de produção escrita mais ou menos segundo seu momento de aprendizado e suas histórias e experiências.

ATIVIDADES GERADORAS: A UNIDADE DIDÁTICA 1 – CAPAS DE REVISTAS

Duas unidades didáticas foram necessárias para que o envolvimento dos alunos acontecesse articulado ao processo reflexivo. Segundo a proposta da PE, elas funcionaram como APPE. A primeira delas tinha por foco capas de revistas. Iniciamos a aula com a análise da organização retórica de capas de revistas brasileiras;

depois, na unidade didática, estudamos essa organização, a seleção linguística e o uso de elementos semióticos para comporem as capas de duas revistas em língua inglesa. Ou seja, foram comparadas as capas das revistas produzidas nos dois idiomas e para diferentes públicos, de forma a identificar a recorrência de características retóricas. A primeira capa era de uma edição de 2008 da revista *Newsweek* que versava sobre a vitória e eleição do presidente Barack Obama. Na foto, via-se, em primeiro plano, a figura do presidente eleito de costas para o leitor, acenando para milhares de pessoas. A reportagem principal era: *The Obama Effect* (O efeito Obama), seguida do subtítulo: *His victory provokes worldwide soul-searching about what's possible in race relations* [Sua vitória provoca uma reflexão mundial sobre o que é possível em termos de relações raciais]. Acima do título da publicação, havia chamadas para três outras reportagens na seguinte sequência: *China: a revealing murder. By Melinda Liu* [China: um assassinato revelador. Por Melinda Liu]; *Obama: Echoes of Abraham Lincoln. By Evan Thomas* [Obama: Ecos de Abraham Lincoln. Por Evan Thomas]; *How the G20 will leverage power. By David Rothkopf* [Como o G20 elevará o poder. Por David Rothkopf].

Abrindo a sequência de atividades de compreensão escrita sobre essa capa, havia uma breve introdução. Nela não foi usada a expressão "gênero discursivo", mas "tipos de textos".

As revistas são suportes para vários tipos de textos. O primeiro deles é exatamente a **capa**. Nas **capas de revistas** encontramos elementos mais ou menos recorrentes em várias delas, vamos aprendê-los?

[1] A palavra **Newsweek** é o ________________ da revista.

[verbete – capítulo – título – link]

[2] Logo abaixo da palavra **Newsweek**, existe um grupo nominal: **The Obama Effect.**

Neste contexto podemos dizer que se trata:

[a] da reportagem principal. [b] do título da revista.

[c] de um hiperlink. [d] de uma chamada para um anunciante.

O que o grupo nominal significa?

O foco foi na organização retórica, acionando o conhecimento de organização textual (PCN-LE, Brasil, 1998) dos alunos, é claro. Em outro trecho da unidade, ainda sobre a mesma capa, havia uma pergunta [6], seguida de outra atividade com uma tabela [7] a ser preenchida com as informações contidas na capa, como se pode observar a seguir.

[6] Você já percebeu como a foto que acompanha as manchetes/reportagens principais em capas de revistas costuma ter um papel importante? Além de chamar a atenção dos possíveis leitores, a foto normalmente ajuda a:

[a] fazer uma relação com o título da publicação.

[b] mostrar como o presidente Obama teve muitos eleitores.

[c] complementar a reportagem principal.

[d] relacionar a reportagem principal às outras reportagens da revista.

[7] Complete a tabela com as informações pedidas, retirando-as da capa:

Data em que a revista foi publicada	
Preço de venda da revista no Brasil	
Data em que Obama esteve na capital da Alemanha	
Capital da Alemanha	
Autora da reportagem sobre a China	

Em seguida, havia atividades que trabalhavam a compreensão mais profunda da chamada para a reportagem principal e do subtítulo que a acompanhava, visando provocar a discussão sobre a eleição de um presidente negro nos EUA, com as possíveis consequências políticas e sociais.

Depois desse trabalho, analisamos a capa de um número de 2007 da revista *Teen Vogue*, fazendo a comparação. Essa publicação, diferentemente da primeira, era voltada para o público juvenil e trazia como foco da reportagem principal dois atores que ficaram famosos por viver personagens na sequência dos filmes de Harry Potter: *WIZ KIDS – The stars of Harry Potter work their magic* [Crianças Mágicas[3] – As estrelas de Harry Potter fazem sua magia]. Em conjunto, observamos a seleção das fotos, a escolha das reportagens e sua adequação ao público-alvo. Uma das atividades relacionadas a essa capa era:

[5] [a] Copie da capa a reportagem principal. Depois escreva em português qual deve ser o assunto:

[b] Há um **subtítulo** após a reportagem principal. Escreva-o a seguir.

[c] Agora, preencha a tabela abaixo a partir das palavras que formam o ***subtítulo***. Ele é constituído de uma oração:

Sujeito	
Verbo	
Objeto	

É possível notar com esses exemplos de atividades, respondidas em duplas ou em grupos e com minha ajuda, que o foco recaía sobre organização retórica do gênero e sobre aspectos do nível sistêmico da língua inglesa que poderiam ajudar o aluno a construir uma gramática de recepção.

A UNIDADE DIDÁTICA 2 – O CONVITE DE CASAMENTO[4]

Por conta de haver entreouvido a conversa de uma adolescente que afirmara que compraria bebida alcoólica e chegaria bêbada em casa no Natal, comecei a pensar sobre como meus alu-

3. A palavra *wiz* tanto pode ser entendida em inglês informal como forma reduzida de *wizard* (feiticeiro, mágico) como uma pessoa excepcionalmente hábil ou bem-dotada.

4. A unidade foi originalmente produzida por bolsistas do projeto de ID/Uerj "Aulas e material de leitura: uma perspectiva da formação docente em língua inglesa", coordenado por mim e pela professora Renata L. de Almeida Rodrigues.

nos do primeiro ano comemoravam essa data. Teriam eles também em seu imaginário a ideia de que seria essa uma época voltada para o consumo de tais bebidas? Seria essa atitude um reflexo, ao menos em parte, do discurso da mídia e da propaganda que tenta construir desejos e imagens? Seria, por outro lado, parte de alguns discursos sobre ser adolescente que circulam nos grupos dessa faixa etária? Para tentar provocar uma reflexão sobre essas questões e sobre a forma como comemoramos os festejos natalinos, pois iniciávamos o quarto bimestre, decidi usar com eles a primeira unidade didática que usei com turmas do segundo ano. Ela seria outra APPE para atender aos *puzzles* condutores das aulas. Nessa unidade, o texto gerador era o convite de casamento da atriz Nicole Kidman, publicado em uma edição de 2006 da revista *Caras*. Nesse convite, além das informações de praxe sobre os noivos, dia, horário e local da cerimônia, lia-se: *In lieu of presents Nicole and Keith request that guests donate to charity* [Em vez de presentes, Nicole e Keith pedem aos convidados que façam doações à caridade]. Esse seria o elemento chave para a reflexão. Havia, inicialmente, atividades que provocavam o acionamento da estratégia de *scanning*[5]:

[a] A imagem acima é um(a) ____

Que elementos o/a ajudaram a identificar esse texto?

[b] Quem são os noivos?

Nome da noiva: ____________________.

Nome do noivo: ____________________.

[c] Qual é a data e o horário da cerimônia?

A proposta era que os aprendizes resolvessem os exercícios em duplas ou trios, discutindo e auxiliando-se mutuamente. A

5. *Scanning* – busca por informação específica em um texto.

fim de incentivar a identificação de algumas informações no texto, eles deveriam completar a tabela abaixo:

Marque **verdadeiro** ou **falso**, justificando com a passagem em inglês:

Afirmação/Pergunta	V	F	Passagem em inglês
1. A cerimônia não será tradicional.			
2. Na verdade não haverá uma festa, apenas um jantar com dança e diversão.			
3. Haverá um jantar formal após a cerimônia.			
4. A Orquestra Sinfônica de Sydney e uma estrela desconhecida se apresentarão.			

Ainda com o intuito de trabalhar a compreensão escrita, mas já buscando a articulação das questões presentes no texto e a vivência dos alunos, havia as questões abaixo:

1 – O que os noivos pedem ao invés dos presentes?

2 – Em sua opinião, esse tipo pedido é comum em uma ocasião como essa? Por que será que os noivos fizeram isso?

Em seguida, havia uma sugestão de discussão a fim de levar os alunos a pensar sobre as questões que me haviam mobilizado e provocado a adaptação dessa unidade didática, conforme sugerido pela proposta pedagógico-reflexiva da PE.

3 – Para discutir:

- Como você e sua família comemoram o Natal? Vocês já pensaram em fazer alguma comemoração natalina diferente em algum momento? Como seria esta outra festa natalina?
- Como a atitude de Nicole e de seu noivo poderiam provocar uma mudança de perspectiva em relação à comemoração natalina?

Cabe ressaltar que os alunos foram encorajados a sair de sala, se assim o desejassem, para conversar com outras pessoas da escola, a fim de acessar outros olhares, discursos e formas de viver a comemoração de Natal, e eles assim o fizeram. No que tange à PE, há uma prática de os alunos registrarem os entendimentos gerados pelo processo reflexivo por meio de pôsteres apresentados aos colegas e aos professores, provocando a geração de maiores entendimentos ou de outros *puzzles*. No caso de minhas turmas de LI, como havíamos trabalhado a organização retórica das capas de revistas, pensei que seria interessante propor aos alunos que produzissem uma capa de revista. Assim, ainda nessa unidade de leitura, encontrava-se a seguinte atividade:

Agora, em duplas ou sozinhos, pensem na produção de uma capa de revista que envolva esta renovação do olhar e das ações em comemoração ao Natal de 2011:

Lembrem-se que esta capa deve ter:

[1] o nome da revista – que pode ser de alguma revista americana/inglesa ou inventada (em inglês);

[2] a reportagem principal, subtítulo e as outras reportagens escritas em parte ou no todo em inglês;

[3] foto(s)/ilustração(ções) relacionada(s) à reportagem principal;

[4] o máximo de detalhes que remeta a uma capa de revista.

Chamo a atenção para o fato de a maioria das orientações estar relacionada à organização retórica da capa, deixando a cargo dos aprendizes a escolha a respeito do que abordar e como fazê-lo. Para alguns, foi uma tarefa bastante difícil, porque esperavam que eu lhes oferecesse orientações passo a passo sobre o que deveriam fazer com relação ao tema, ao que escrever etc. Os alunos poderiam trabalhar sozinhos ou em duplas, mas alguns negociaram para que a atividade fosse desenvolvida em trios, ao que não me opus.

Todas as etapas necessárias para o desenvolvimento e a resolução das atividades foram coconstruídas em aula, inclusive a produção das capas, pois entendo ser esse um momento em que o aprendiz precisa muito do auxílio do professor, o que não é possível quando a tarefa é desenvolvida em casa. Assim, no dia da produção das capas, havia dicionários, folhas de papel A4, cola, tesoura e muitas revistas, para que pudessem recortar, se quisessem. Antes de iniciarem a produção da capa, foram orientados a fazer um pequeno planejamento sobre o que gostariam de tratar e escrever e a seleção de possíveis ilustrações – poderiam ser recortadas do material de que dispunham em sala ou ser desenhadas.

Alguns aprendizes tiveram dificuldade nessa etapa, inclusive porque não foi fácil para alguns traduzir em palavras e em imagens o que queriam. Durante o processo de redação do texto, muitos solicitaram minha ajuda em diversos sentidos: encontrar/escrever uma palavra (adjetivos, verbos, substantivos) específica em inglês para compor uma sentença; construir parte de uma sentença (sintagmas nominais, sintagmas verbais); encontrar uma expressão idiomática etc. Alguns aprendizes, confiantes no que sabiam, já apresentavam a sentença em inglês para que eu verificasse se estava correta; outros já a escreviam sem me apresentar. Houve alunos que escreveram parte da sentença em português, deixando-a assim. Em qualquer situação, eu tentava ajudar sem impor, respeitando o momento de aprendizagem de cada um. Uma vez prontas as capas, eles as entregaram e, na aula seguinte, fizeram a apresentação de suas propostas para os colegas. Esse processo foi desenvolvido com minhas quatro turmas do primeiro ano, atendendo às peculiaridades e histórias de cada uma.

Na seção seguinte, apresento e analiso algumas dessas capas. Com isso, busco construir uma base para discutir em que medida a proposta de ensino de inglês inspirada no arcabouço teórico apresentado pareceu colaborar para o letramento dos aprendizes.

CAPAS DE REVISTAS – A VIDA SOB O OLHAR DOS APRENDIZES

Inicio a análise mostrando como os alunos se apropriaram do gênero capa de revista, bem como marcas que possam indicar se e como estava acontecendo o processo de letramento. Da mesma forma, tento perceber como o olhar dos aprendizes à temática revela o processo reflexivo.

Capa 1

Para essa capa, as alunas criaram um título para a publicação – *New Year Magazine*. Nessa produção, encontram-se elementos que compõem a organização retórica de uma capa de revista, como o código de barras indicando o preço do exemplar. Aproveitando a imagem de uma propaganda ao fundo, elas colaram outra imagem colorida sobre a tela do equipamento. Isso provocou o contraste entre a foto de crianças sorrindo e o fundo da paisagem com árvores cobertas de neve já induzindo a uma perspectiva de mudança: tristeza x alegria. Na reportagem principal, *No money this year? Give your time to charity* [Sem dinheiro este ano? Doe seu tempo à caridade], as palavras *money* e *time* escritas em vermelho lembram a frase *Time is money* [Tempo é dinheiro]. Nesse caso as alunas usaram-na provavelmente para desconstruir o discurso de que caridade é feita a partir do uso de dinheiro como doação ou para comprar algum bem. Elas ressignificam tal discurso, apontando que a caridade pode ser feita também pela doação do tempo de cada um em trabalhos voluntários. Cabe ainda atentar para as chamadas das matérias menores, ligadas à reportagem principal, acompanhadas dos nomes dos repórteres escritos à mão em vermelho: "*Locations receiving donations*" *By Helen Grim* [Locais que recebem doações. Por Helen Grim]; "*What can I donate?*" *By Paul L. Caroll* [O que posso doar? Por Paul L. Caroll]; "*Food 4 charity? Yes!*" *By Elise Mein* [Comida para caridade? Sim! Por Elise Mein.]. Note-se que esse recurso fora usado para a composição da capa da revista *Newsweek*.

Capa 2

Assim como suas colegas, na Capa 2, os aprendizes trabalharam com imagens retiradas de revistas, colando-as sobre o papel. Da mesma forma, há detalhes que remetem ao gênero original, como o código de barras e o valor do exemplar. Abaixo do nome dado por eles à publicação – *News* –, encontra-se a reportagem principal: *Christmas without war* [Natal sem guerra]. Esta é seguida do subtítulo, *Let's imagine a different reality in many communities* [Vamos imaginar uma realidade diferente em muitas comunidades].

Quando estivemos envolvidos nesse processo reflexivo do qual as capas foram o resultado, havia acontecido a retomada de algumas favelas no Rio de Janeiro, como a do Complexo do Alemão, pelas tropas da polícia para a implantação de Unidades de Polícia Pacificadora (UPP). A mídia vinha reportando a tensão vivida pelos moradores nas comunidades. Assim, esses acontecimentos refletiam-se nas questões trazidas pelos aprendizes, na ressignificação das comemorações natalinas nas comunidades atingidas pela violência. Havia, portanto, uma audiência potencial, no sentido bakhtiniano, para a sua reportagem, e as escolhas sistêmicas ajudaram a configurar o posicionamento dos autores em face da violência.

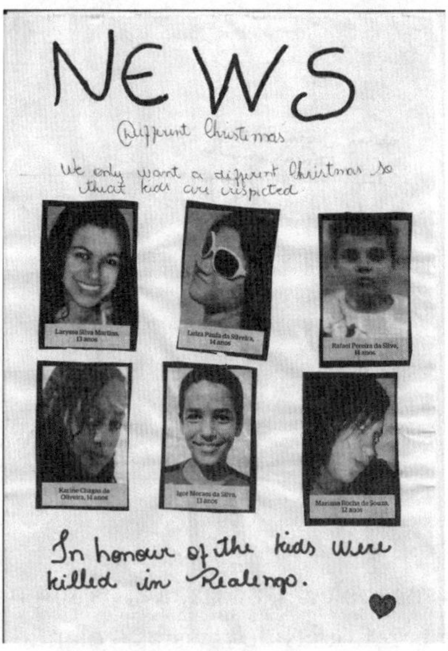

Capa 3

A Capa 3 não é rica em características da organização retórica de uma capa de revista real como as anteriores. Contudo, encontra-se a palavra *News*, que é usada como nome da publicação, e, logo abaixo, a reportagem principal - *Different Christmas.* [Natal diferente]. Como a reportagem da revista *Newsweek* sobre a eleição de Obama, essa ocupa toda a capa. Há dois subtítulos: *We only want a different Christmas so that kids are respected* [Nós só queremos um Natal diferente para que as crianças sejam respeitadas], antes das fotos; *In honor of the kids were killed in Realengo* [Em homenagem às crianças que foram mortas em Realengo], depois. Ambos oferecem ao leitor um pouco mais de informações sobre a reportagem principal. Enfatizo, porém, nesses subtítulos, a ação discursiva dessas adolescentes que ficaram imensamente chocadas quando os jovens das fotos foram assassinados em um colégio municipal em Realengo, no Rio de Janeiro. Trata-se de um apelo à sociedade e de uma homenagem aos adolescentes. Se o discurso

Capa 4

constrói a realidade social, parece que elas tentam usá-lo, com base nas práticas discursivas de sala de aula, para modificar essa mesma realidade.

A Capa 4, produzida por alunas, segue a linha da anterior em relação a focalizar a tragédia de Realengo. Chamo a atenção para o contraste de fotos que remetem à reportagem principal. A primeira delas parece retratar a família ideal, sem problemas, para ilustrar o título da reportagem, *Christmas is happy...* [Natal é feliz...]. A segunda, contudo, é a foto de familiares de uma das vítimas, seguida do subtítulo *but not for everybody like for the families that lost their children 7 months ago when a serial killer invaded the school "Tasso da Silveira" and killed 12 kids* [mas não para todos, como para as famílias que perderam seus filhos há sete meses quando um *serial killer* invadiu a escola Tasso da Silveira e matou 12 crianças]. Utilizam o marcador discursivo *but* exatamente para apontar o contraste entre a família idealizada e a família marcada pela tristeza. Parecem trabalhar com discursos diferentes de família. Por um lado, a idealizada, configurada nas práticas discursivas do mercado de produtos para ser

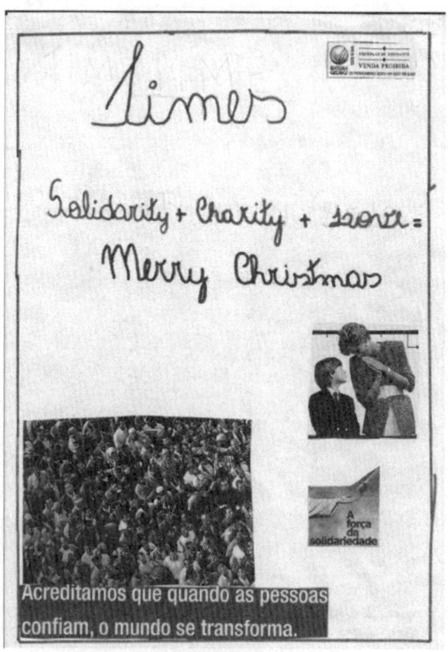

Capa 5

vendidos no Natal. Por outro lado, a família, representativa de várias outras na sociedade brasileira, vitimizada pela violência.

Segundo já afirmei, o processo de escritura em todas as turmas demandou muito envolvimento e trabalho por parte dos alunos que se empenharam em desenvolver a tarefa. Inspirada pela teorização vygotskiana sobre construção de conhecimento, agi como mediadora, acionando o nível de desenvolvimento real dos aprendizes e atuando colaborativamente na zona de desenvolvimento proximal, para que novos níveis de conhecimento fossem construídos.

Na Capa 5, os aprendizes usaram o nome de uma publicação já existente: *Times*. Embora a produção em língua inglesa seja menor que as encontradas nas capas anteriores, ela é extremamente interessante pela criatividade, posto que os alunos usaram um formato que remete à matemática, ou seja, uma equação – *Solidarity + Charity + Love= Merry Christmas* [Solidariedade + Caridade + Amor= Feliz Natal]. Nessa instância de intertextualidade, de certa forma, os aprendizes resumem o entendimento construído na discussão em sala sobre um olhar ao Natal e a

Capa 6

possíveis formas de comemorá-lo. Quanto ao uso de língua materna, recortaram de uma publicação o que desejavam expressar, reiterando a questão central da reportagem principal e tornando a capa um texto bilíngue.

Finalizo a análise com a Capa 6. Ela parece trazer uma crítica ao discurso de paz e solidariedade tão presente na mídia nos festejos natalinos. Ao questionarem: *Where does solidarity go to after Christmas?* [Para onde vai a solidariedade após o Natal?], as aprendizes fazem uma crítica às pessoas que, por tradição apenas, fazem doações nessa época, mas esquecem da dor e da pobreza quando passam esses festejos. As fotos dão suporte e enfatizam essa crítica.

Certamente, os aprendizes que produziram essas e as outras capas atenderam à solicitação que fiz na proposta da atividade, ou seja, de "produção de uma capa de revista que envolva essa renovação do olhar e das ações em comemoração ao Natal de 2011, instigando um possível leitor". É relevante ainda perceber como todas essas capas se aproximam da contida na unidade didática voltada para um público-alvo mais adulto. Para as capas 1 e 4 havia, na composição de cada dupla, uma aluna no nível pré-intermediário de inglês. Todos os outros encontravam-se em alguma das categorias que descrevi anteriormente. Enfatizo que todos produziram com base naquilo que o trabalho colaborativo com seus colegas e com a professora permitiu encaminhar. Isso se explica na medida em que cada um, na perspectiva vygotskiana, levou para o processo de aprendizagem seu nível de desenvolvimento real, o qual foi acionado nas diferentes etapas, permitindo a construção de outros níveis de entendimentos sobre gêneros, compreensão e produção escrita em LI.

REFLETINDO SOBRE A EXPERIÊNCIA

Com base no presente estudo, acredito ser possível afirmar que a utilização de diferentes gêneros discursivos – e não apenas diálogos, como os encontrados em livros ainda disponíveis no mercado – colabora para que o processo de aprendizagem de LI seja mais significativo para os aprendizes, mesmo quando o foco maior recaia sobre leitura.

Ademais, o trabalho com compreensão leitora pode ser gerador de atividades de produção textual. Decorre daí a relevância do estudo da organização retórica de um texto, visto que esse pode ser um elemento de referência para a produção escrita. Além disso, o conjunto de atividades pode colaborar para o letramento do aprendiz em LE, seja para a compreensão ou para a produção textual, na perspectiva de Street (1993; 1995) e de Fairclough (1992; 2012), na medida em que:

- auxilie o aprendiz a entender como se articulam os elementos linguístico-discursivos da LE no texto de dado autor para a construção de sentidos;
- leve o aprendiz a perceber a relação do texto com ilustrações e outros elementos semióticos também para a construção de sentido;
- encaminhe para a leitura crítica e a produção crítica de textos;
- contribua para o entendimento de que os textos são gerados a partir das necessidades de negociação de sentidos nas práticas sociais em que nos envolvemos;
- leve ao entendimento de que o discurso constrói o mundo social e as identidades, podendo colaborar para reconstruí-los em outras bases.

Nas capas selecionadas, por meio dos elementos linguístico-discursivos mapeados, percebe-se que os aprendizes se construíram como adolescentes envolvidos com questões de seu tempo, inclusive envolvendo dor e sofrimento. Colocaram-se em oposição a discursos que circulam socialmente, carreando propostas de configuração identitária (Fairclough, 2012) sobre ser adolescentes com uma configuração diversa da que foi discursivamente assumida pelos aprendizes e revelada em seus textos. Da mesma forma, por sua produção textual, os aprendizes afastaram-se dos discursos sobre alunos de escolas públicas que enfatizam suas dificuldades de aprender uma LE, bem como sua incapacidade de produzir textos.

As questões acima apontadas ajudam a identificar elementos de uma prática docente que se afasta do modelo autônomo e caminha em direção ao modelo ideológico de letramento (Street, 1993; 1995). Para a produção textual, mais especificamente, os aprendizes envolveram-se em uma prática social e discursiva em que puderam apresentar suas questões, obviamente atravessadas por ideologias e relações de poder, mas, certamente, contribuindo para o seu empoderamento e promovendo algumas transformações em suas práticas linguístico-discursivas. Nesse sentido, acredito que todo o processo foi encaminhado na direção de uma educação linguística crítica, conforme Fairclough (1992) defende.

GÊNEROS DISCURSIVOS E LETRAMENTO PARA A/NA FORMAÇÃO E PRÁTICA DOCENTES EM LE

Enquanto professora formadora, ao refletir sobre minha própria experiência, defendo que a formação docente, inicial ou continuada, bem como a prática do professor de LE, seja conduzida com base em uma perspectiva em que o trabalho com gêneros discursivos se torne o eixo norteador, especialmente se articulado ao projeto do letramento ideológico de Street e da educação linguística crítica de Fairclough. Faço essa ressalva exatamente para que nem a proposta formativa nem a prática docente passem de um ensino de LE que privilegia a aprendizagem dos elementos sistêmicos, para configurar-se como outra que privilegie simplesmente a identificação da organização retórica de determinados gêneros. Na verdade, todas essas questões estão articuladas. Afinal, a proficiência no uso social da língua está diretamente relacionada à competência no reconhecimento, ao uso e à produção de gêneros diferentes, porém agregados às questões trazidas por Street e Fairclough.

Consequentemente, o formador de professores de LE precisa refletir sobre suas crenças, sobre a ementa das disciplinas que ministra, sobre sua própria prática, no sentido de verificar que foco dá à língua em seu trabalho: estrutura ou discurso/gênero? Essa reflexão certamente pode ajudá-lo a entender se há lugar para os gêneros discursivos em suas aulas. Da mesma forma, poderá considerar se a proposta formativa tende a aproximar-se ou distanciar-se do modelo ideológico de letramento. Decorre daí que o professor de línguas – em serviço ou em formação – precisa refletir sobre a forma como entende a natureza da linguagem e como tal entendimento se reflete em sua prática, uma vez que é crucial pensar se, ao ensinar a compreensão leitora, por exemplo, esse profissional incorpora a preocupação de identificar possíveis discursos e as ideologias neles imbricadas. Da mesma forma, ele precisa refletir se busca construir entendimentos de que eventos de leitura e de produção textual não acontecem em um vácuo social.

Finalmente, ressalto a relevância da Prática Exploratória para a condução do processo pedagógico-reflexivo durante as aulas e nesse estudo. Sua abordagem, baseada no envolvimento de todos, promove a construção coletiva de entendimentos, levando docentes a olhar sua prática cotidiana com mais cuidado, a abrir espaço na interação em sala de aula para verdadeiramente ouvir seus alunos, para olhar com os olhos dos aprendizes a vida que pulsa dentro e fora da sala de aula.

REFERÊNCIAS

Allwright, R.; Bailey, K. [1991]. "Epilogue". In: ______. *Focus on the Language Classroom.* Cambridge: CUP, 1996.

Bakhtin, M. *Estética da criação verbal.* São Paulo: Martins Fontes, 2000.

Brasil. Ministério da Educação e Cultura. *Parâmetros curriculares nacionais: terceiro e quarto ciclos do ensino fundamental: língua estrangeira.* Brasília: Secretaria de Ensino Fundamental, 1998.

_______. Ministério da Educação e Cultura. *Orientações curriculares para o ensino médio.* Brasília: Secretaria de Educação Básica, 2006.

Caras, Editora Abril, 30 jun. 2006.

Fairclough, N. "Introduction". In: Fairclough, N. (ed.). *Critical language awareness.* Londres: Longman, 1992.

_______. "A dialética do Discurso". In: Magalhães, I. (org.). *Discursos e práticas de letramento: pesquisa etnográfica e formação de professores.* Campinas: Mercado de Letras, 2012.

Freedman, A. "'Do as I say': the relationship between teaching and learning new genres". In: Freedman, A.; Medway, P. (eds.). *Genre and the new rhetoric.* Londres: Taylor and Francis, 1994.

Goody, J.; Watt, I. "The consequences of literacy". In: Giclioli, P. P. (ed.). *Language and social context.* Harmondsworth: Penguin, 1972.

Magalhães, I. Letramento, intertextualidade e prática social crítica. In: Magalhães, I. (org.). *Discursos e práticas de letramento: pesquisa etnográfica e formação de professores.* Campinas: Mercado de Letras, 2012.

Marcuschi, L. A. "Gêneros textuais: definição e funcionalidade". In: Dionísio, A. P.; Machado, A. R.; Bezerra, M. A. (orgs.). *Gêneros textuais e ensino.* Rio de Janeiro: Lucerna, 2002.

Meurer, J. L. "O conhecimento de gêneros textuais e a formação do profissional da linguagem". In: Fortkamp, M. B.; Tomich, L. M. B. (orgs.). *Aspectos da linguística aplicada.* São Paulo: Mercado de Letras, 2000.

Miller, I. K. *et al.* Prática exploratória: questões e desafios. In: Gil, G.; Vieira-Abrahão, M. H. *Educação de professores de línguas – Os desafios do formador.* Campinas: Pontes Editores, 2008.

Moraes Bezerra, I. C. R. "'Eu acho impossível colocar em prática mas eu queria': pensando em uma abordagem de gêneros para o ensino de inglês". *Soletras,* ano 8, n. 16, Rio de Janeiro, jul.-dez. 2008. Disponível em: <http://www.filologia.org.br/soletras/16sup/linguagens.pdf>. Acesso em: 15 fev. 2013.

Newsweek, 24 nov. 2008.

Rio de Janeiro, *Reorientação curricular – Língua estrangeira.* Rio de Janeiro: Secretaria de Estado de Educação do Rio de Janeiro, 2005.

Rojo, R. "Gêneros do discurso e gêneros textuais: questões teóricas e aplicadas". In: Meurer, J. L.; Bonini, A.; Motta-Roth, D. (orgs.). *Gêneros, teorias, métodos, debates.* São Paulo: Parábola Editorial, 2005.

STREET, B. V. *Social literacies. Critical approaches to literacy in development, ethnography and education.* Harlow, Essex: Longman, 1995.

STREET, B. V. (org.). *Cross-cultural approaches to literacy.* Cambridge: Cambridge University Press, 1993.

TEEN VOGUE, jun.-jul. 2007.

TODOROV, T. "A origem dos gêneros". In: TODOROV, T. *Os gêneros do discurso.* São Paulo: Martins Fontes, 1980.

VYGOTSKY, L. S. *Pensamento e linguagem.* São Paulo: Martins Fontes, 2008 [1987].

9 A leitura da palavra alheia e a construção do conhecimento em redações de vestibular

Victoria Wilson

Bruno Araújo

INTRODUÇÃO

Este texto pretende ser um exercício de leitura de redações de vestibular com vistas a compreender a escolarização do conhecimento, ou melhor, os tipos de conhecimento que a escola (re)produz e explícita ou implicitamente aparecem representados nos textos dos candidatos depois dos longos anos de escolarização até a chegada ao exame de vestibular.

O problema ao qual propomos nos dedicar diz respeito ao discurso escrito escolarizado ou ao uso escolar da língua escrita (Rockwell, 1985) em sua relação com o gênero, na tensão entre as formas expressivas típicas que tendem à padronização e àquelas que nos fazem observar vestígios de conflitos, deslocamentos e alterações dos gêneros escolares na produção das redações de vestibular.

É nesse sentido que empreenderemos um exercício de leitura das leituras materializadas na escrita das redações pelos candidatos, associando a ele a concepção de Paulo Freire, para quem "a leitura da palavra não é apenas precedida pela leitura do mundo, mas por uma certa forma de 'escrevê-lo' ou de 'reescrevê-lo', quer dizer, de transformá-lo através de nossa prática consciente" (Freire, 1995, p. 20).

Essas indagações refletem a motivação de nossa pesquisa, como também constituem nossa inquietação como professores/pesquisadores. Como os candidatos, depois de aproximadamente dez anos de escolaridade, leem as propostas de redação de vestibular e escrevem seus textos? Da leitura da proposta, dos textos motivadores, dos enunciados da coletânea e de todo o aprendizado escolar, o que selecionam e o que "traduzem"/interpretam como conhecimento "legítimo" a ser produzido nesse evento? Em outras palavras: o que revelam seus textos, por meio da leitura que realizam ali, no momento, considerando que essa leitura é resultado de um longo processo de escolarização? O que privilegiam em seus textos em termos do(s) conhecimento(s) suposto(s) e apresentado(s)? Como o conhecimento escolar se manifesta em suas escritas?

À luz dessas questões, visamos compreender a produção escrita formal de redações de vestibular, relacionando-a ao conhecimento escolar, considerando que se trata de um gênero tipicamente escolarizado e que, consequentemente, reflete linguagens e valores característicos da cultura escolar. Muitos estudos têm se voltado para a análise da produção do discurso escrito na escola ou em eventos como o vestibular, evidenciando a dificuldade que os alunos apresentam para produzir e compreender textos, principalmente em registros mais formais, em que o domínio da norma culta/padrão é exigido. Também consideramos o quanto a escola, ao estabelecer uma distinção entre atividades que envolvem o "aprender a ler" e o "ler para aprender", "exerceu uma forte influência nas concepções técnicas e teóricas a respeito da leitura e da escrita" (Rockwell, 1985, p. 87) e o quanto essas concepções aparecem refletidas nas redações.

Corrêa (2004) defende que, no processo de enunciação pela escrita, o escrevente circula por três eixos imaginários: o da gênese da escrita; o do código escrito institucionalizado; e o da relação com o já falado/escrito. Segundo o autor, o escrevente deixa marcas linguísticas em seu texto que representam o imaginário que ele possui sobre a (sua) escrita, imaginário esse, conforme podemos observar (cf. Wilson, 2012), resultado do processo de escolarização da leitura e da escrita. Tais marcas evidenciam a natureza heterogeneamente constitutiva da escrita e permitem-

-nos detectar as linguagens sociais e as diversas formas e campos de conhecimento que aí se explicitam.

Portanto, ao lado de traços relativamente estáveis de elementos temáticos, estilísticos e composicionais que compõem os gêneros (Bakhtin, 2003, p. 282), relacionados às suas escolhas pelos falantes, à sua aprendizagem, às relações entre os gêneros primários e secundários, ao grau de padronização, normatividade e coerção, os gêneros também estão sujeitos à inovação, à manipulação e à mudança, uma vez que são produzidos no decorrer da prática linguística (Hanks, 2008, p. 85).

No contexto de produção das redações de vestibular, optamos por compreendê-las como gêneros oriundos das práticas escolares de leitura e de escrita, sujeitas não só às convenções dessas práticas, mas também sensíveis às forças centrípetas e centrífugas da língua (Bakhtin, 1993), ao embate das linguagens sociais no processo de assimilação e apropriação das diferentes leituras e escritas da língua (norma padrão/registro formal).

Ao tratar da constituição da escrita em redações de vestibular, Corrêa (2004, p. 229-30) traz fortes evidências sobre o fenômeno de apropriação da palavra do outro, associando-a ao fato de o discurso constituir-se como uma prática social:

> Desse modo, o ato particular de apropriação da escrita, ao estabelecer-se na ligação de um discurso com outro(s) discurso(s), mostra sua vinculação a uma prática social. Considerando-se, pois, que o sujeito e seu discurso sempre se constituem pela negociação com outros sujeitos e discursos (com o *interdiscurso*), as negociações mostradas no texto escrito abrem a possibilidade de observar o aspecto dialógico constitutivo também dessa sua prática, ainda que nela atuando de um modo particular.

Nessa perspectiva, a escrita não é apenas um código, mas um modo de enunciação e, como tal, é dinâmica, plural e dialógica, suscetível às leis do discurso. Diferentemente da oração, unidade convencional da língua, o discurso deixa-se penetrar pelos elementos extralinguísticos, constituindo-se como unidade comunicativa, conforme Bakhtin (2003). Se a oração é desprovida de autoria e endereçamento, o mesmo não se pode dizer do discurso, pois esse tem seus limites demarcados pela alternância dos sujeitos e reflete imediatamente a realidade extraverbal (*ibidem*, p. 287).

Do mesmo modo, propomo-nos a pensar as redações de vestibular, também demarcadas por distintos campos discursivos e sociais, configurando-se como um gênero pleno de respostas tanto a "enunciados" precedentes (cultura escolar principalmente) quanto àqueles com que estão imediatamente a dialogar, pois todo enunciado é produzido em direção a outro. Sob uma concepção discursiva de linguagem, compreendemos que a escrita pressupõe

> encontro, parceria, envolvimento entre sujeitos, para que aconteça a comunhão das ideias, das informações e das intenções pretendidas. Assim, por essa visão se supõe que alguém selecionou alguma coisa a ser dita *a um outro alguém*, com quem pretendeu interagir, em vista de algum objetivo. (Antunes, 2003, p. 45)

É nesse sentido que podemos recuperar o fundamento segundo o qual "enunciar é argumentar" (Goulart, 2007), uma vez que nossas palavras são orientadas em função do interlocutor, do auditório social. Seja em relação à linguagem utilizada, seja em relação ao estilo (argumentos utilizados pelos candidatos), o princípio dialógico realiza-se no reforço às imagens que o escrevente supõe ter sobre a escrita (e sobre o conhecimento escolar) ou sobre o que se valoriza na escola e fora dela, a respeito da escrita desse gênero. "Essa relação interdiscursiva é o dialogismo" (Fiorin, 2012, p. 151); e é a que pretendemos captar "no próprio movimento linguístico de sua constituição" (*ibidem*, p. 151) na busca de indícios e nos modos como os candidatos organizam seu discurso.

O MATERIAL DE ANÁLISE E A METODOLOGIA ADOTADA

A pesquisa, de base qualitativa, descreve e analisa a linguagem escrita, seus modos de construção e organização como gênero discursivo específico, produzido no evento vestibular. Para tanto, adotamos a perspectiva discursiva para tratar de certas peculiaridades dessa escrita nesse contexto. O *corpus* é composto por redações do vestibular da Universidade do Estado do Rio de Janeiro (Uerj), correspondentes ao ano de 2011. Para esse trabalho, foram analisadas 40 redações, das quais foram selecionados excertos que pudessem representar: os usos escolares da escrita como um complexo em meio às linguagens sociais; a heterogeneidade constitutiva da escrita; e o conhecimento escolar também como um conhecimento híbrido e complexo, portanto, não homogêneo nem linear, em que atuam diferentes referências de distintos campos do saber.

O evento vestibular dessa universidade compreende três fases, sendo as duas primeiras compostas de prova de múltipla escolha, de caráter classificatório, e a última, de caráter eliminatório, denominada "Língua Portuguesa Instrumental com Redação". Todas as provas do vestibular encontram-se disponíveis no site da Uerj. A prova denominada terceira fase compreende cinco questões discursivas baseadas em textos distintos, mais a prova de redação, acompanhada de uma coletânea. O programa da prova (também disponível no site da instituição) oferece uma lista dos objetivos que os candidatos devem alcançar, tais como: habilidade de leitura e interpretação, na construção de sentidos e na reconstrução de textos e ideias em função dos seus propósitos comunicativos; domínio da norma culta; conhecimentos de Linguística Textual (coesão e coerência) e do gênero solicitado (dissertativo com base argumentativa). Há toda uma programação que estabelece as convenções do contexto e, de certa forma, um diálogo com seus interlocutores: os candidatos já sabem previamente o que se espera deles.

Vejamos a formulação da proposta do vestibular relativo ao ano de 2011:

Os textos anteriores e o fragmento de entrevista abaixo discutem problemas relacionados às formas contemporâneas de comunicação.

Em entrevista dada ao Diário Digital, o escritor português José Saramago critica o meio de comunicação virtual conhecido como *Twitter**.

Diário Digital: O senhor acompanha o fenômeno do *Twitter*? Acredita que a concisão de se expressar em 140 caracteres tem algum valor? Já pensou em abrir uma conta no *site*?

José Saramago: Nem sequer é para mim uma tentação de neófito. Os tais 140 caracteres refletem algo que já conhecíamos: a tendência para o monossílabo como forma de comunicação. De degrau em degrau, vamos descendo até o grunhido.

http://oglobo.globo.com

PROPOSTA DE REDAÇÃO

A partir da leitura dos textos e de suas reflexões pessoais, redija um texto argumentativo com no mínimo 20 e no máximo 30 linhas, em que **desenvolva sua opinião acerca da ocorrência, ou não, de um empobrecimento das formas atuais de comunicação entre as pessoas.** (grifo nosso)

Utilize o registro padrão da língua e atribua um título ao seu texto.

Com base na proposta, cabia ao candidato discorrer sobre as formas de comunicação atuais e seu empobrecimento ou não em face do advento e a propagação dos meios de comunicação digitais. Interessante notar que se trata de um tema bastante atual, próximo à realidade dos vestibulandos, em sua maioria jovens, cuja experiência cotidiana se caracteriza pelo acesso e uso de computadores e outros recursos tecnológicos, como o iPad.

A prova discursiva que antecede a redação contou com três textos, a saber: "O sobrevivente", de Carlos Drummond de Andrade; uma tirinha da Mafalda, do cartunista Quino; e uma adaptação de uma resenha sobre o romance *Fahrenheit 451*. Todos os textos discorrem sobre as variadas formas de comunicação e fazem despontar uma valorização da leitura e dos livros, em geral, apontando para uma visão nostálgica e negativa de mundo a respeito da modernidade e suas invenções. Logo em seguida aparece a formulação da prova de redação, constituída por uma entrevista com José Saramago, que faz uma crítica às formas de comunicação, especialmente àquelas postadas no Twitter. O candidato, então, encontra-se diante de vários discursos/vozes de autoridade em relação aos quais precisa tomar uma posição, defender uma ideia com argumentos claros e consistentes. Considerando o fato de que o evento vestibular representa um rito de passagem na vida do candidato e de que a redação, muitas vezes eliminatória, tem um peso decisivo entre os critérios de avaliação e valoração, parece-nos que os textos (representados nos excertos) expressam a tensão entre a palavra alheia e a palavra própria, entre formas discursivas padronizadas (porque refletem os saberes julgados como legítimos ou esperados) e híbridas (dada a natureza heterogeneamente constitutiva da escrita), como discutiremos na seção seguinte.

A APROPRIAÇÃO DA PALAVRA ALHEIA E A CONSTRUÇÃO DO CONHECIMENTO

A escola ainda pode ser considerada a instituição que mais representa a "cultura letrada" na sociedade, por ser um espaço legítimo de sistematização oficial do conhecimento. É na escola que presenciamos os vários modos de aprender e ensinar característicos de sua natureza, bem como os diversos saberes e linguagens que se agregam ao nosso conhecimento de mundo. A língua escrita assume papel de destaque nesse contexto, na medida em que se caracteriza por ser o principal meio de leitura (e "apropriação") dos saberes que circulam em todas as disciplinas e atividades escolares, ou seja, torna-se "instrumental na aprendizagem de outros conhecimentos" (Rockwell, 1985, p. 86). A escola, nesse caso, representa o principal espaço no qual os saberes são produzidos e (re)elaborados de modo mais sistemático e formal, atendendo, ainda, às normas curriculares, aos projetos e às leis governamentais. No contexto escolar, a leitura e a escrita, sejam de modo explícito ou implícito, são práticas e atividades que possibilitam que os saberes sejam compartilhados e aprendidos. Para Rockwell (*ibidem*, p. 88):

> Mesmo quando não se esteja "ensinando" explicitamente como ler e escrever, o uso da língua escrita em qualquer atividade de ensino transmite algo a este respeito. Além do que, as atividades propostas pelo professor às vezes exigem implicitamente, ou permitem, certas estratégias de leitura ou de escrita que nunca foram "ensinadas" aos alunos.

As produções escritas que se realizam no cotidiano escolar evidenciam, natural e consequentemente, o processo de escolarização no qual se inscrevem. No entanto, ainda que atravessada por diferentes linguagens sociais e pela dinâmica das variantes linguísticas, tanto de alunos quanto de professores (Bortoni-Ricardo, 1995, 2004), a escola preconiza um modelo teórico e ideal para a abordagem e o ensino da língua e de leitura, difundindo concepções linguísticas associadas ao caráter predominantemente (mas não exclusivamente) prescritivo da língua. Assim, sob uma concepção ou ideia de unidade e homogeneidade linguística, fundamentadas principalmente no modelo de escrita (e não de fala), vão se construindo imaginários sobre a escrita cujos modelos são aqueles que os alunos passam a ter como referência.

No entanto, ao conceber a escrita como prática social do oral/falado e do letrado/escrito, Corrêa (2001, 2004) considera a heterogeneidade propriedade constitutiva da escrita e não uma característica pontual e acessória desta. Nesse sentido, o autor rompe com a noção de homogeneidade, propondo, em seu lugar, a concepção de que a língua escrita é heterogeneamente constituída. As redações produzidas pelos alunos no evento vestibular refletem a imagem que eles têm (e construíram) da escrita, além de dialogarem com os conhecimentos e as linguagens sociais diversos que se manifestam em todos os ambientes, inclusive no universo escolar. Embora a redação seja um gênero escolarizado por natureza, o conteúdo nela veiculado apresenta-se como uma realização de saberes diversos, oriundos não só de conhecimentos específicos da cultura escrita escolar. Quanto a isso, Corrêa afirma que "a heterogeneidade que habita as práticas orais e letradas prévias – mas não exteriores – às experiências com o texto escolar tem correspondência com a heterogeneidade que caracteriza a escrita escolar como heterogênea" (Corrêa, 2001, p. 146).

Ao refletir sobre o processo de construção do conhecimento no gênero redação de vestibular, já explicamos anteriormente (Wilson, 2012) que, apesar de se tratar de um discurso formal, com finalidade exclusiva e propósitos definidos, sua constituição é dada de forma híbrida, refletindo diversas linguagens sociais resultantes de fatores interacionais. Essas linguagens apresentam-se sob formas variadas de conhecimento, mas, em geral, vêm espelhando a cultura escolarizada e/ou muito do que o candidato imagina ou supõe sobre a escrita institucional, mais o seu conhecimento de mundo e suas experiências do cotidiano, buscando assim conciliar informações que julga ser relevantes para a produção do gênero solicitado com as expectativas de seu interlocutor imediato (a banca avaliadora e as convenções do contexto).

No entanto, apesar de se tratar de um gênero de discurso escolarizado, a bagagem de conhecimento anterior dos candidatos extrapola os saberes do "catálogo escolar" no sentido proposto por Rockwell. Nesse estudo, é possível compreender como o conhecimento que cada aluno constrói "pode ser bem diferente do que o conjunto de elementos que se lhe apresentam na sala de aula" (Rockwell, 1985, p. 86).

O conhecimento escolar costuma ser entendido como reprodução do conhecimento científico. Contudo, essa concepção é, no mínimo, ingênua demais, pois não considera as características epistemológicas que o especificam um saber legítimo e autônomo. Quanto a isso, Lopes (2008) afirma que "o conhecimento escolar não é apenas o científico adaptado para fins educacionais", pois "as disciplinas escolares possuem uma constituição epistemológica e sócio-histórica distinta das disciplinas científicas" (*ibidem*, p. 46-52).

Ao salientar a natureza epistemológica do conhecimento escolar, Silva e Moreira (2010, p. 23), com base nos autores citados, como Rodrigo e Arnay (1999), Lopes (1999), Ciclini, Nogueira e Souza Junior (2002), têm a dizer:

> O conhecimento escolar, que pretender ser a integração dialética desses conhecimentos, tem perante si o desfio de assumir seu espaço epistemológico de legítimo conhecimento. A caracterização e fundamentação das qualificações epistemológicas do conhecimento escolar aparecem ainda necessitadas de uma nova prática pedagógica e de maiores reflexões que revelem sua condição de fundar um conhecimento realmente novo. Os analistas divergem sobre as especificações do conhecimento escolar, apesar de reconhecerem a existência de uma dupla ruptura e simultaneamente de uma dupla integração entre conhecimento científico e cotidiano em suas múltiplas inter-relações. O mais importante é o reconhecimento da existência de um conhecimento que não se aprisiona nos limites caracterizadores do conhecimento cotidiano e do conhecimento científico.

A legitimidade desse conhecimento, portanto, deve-se ao fato de que, conforme Lopes, "o discurso pedagógico refocaliza e relaciona outros discursos, retirando-os de sua prática e das relações de poder associadas a essa base social" (Lopes, 2008, p. 52). Candau e Moreira (2007, p. 6) também enfatizam as relações de poder sobre as quais se corporificam os currículos e consequentemente os saberes escolares. Dizem os autores, fundamentando-se em Santos (1995):

> [...] vemos o conhecimento escolar como um tipo de conhecimento produzido pelo sistema escolar e pelo contexto social e econômico mais amplo, produção essa que se dá em meio a relações de poder estabelecidos no aparelho escolar e entre esse aparelho e a sociedade. (Candau e Moreira, 2007, p. 6)

Ao lado, pois, de uma concepção de conhecimento escolar longe de ser homogênea, compreendemos as redações no interior de um conjunto de conhecimentos interligados: o conhecimento científico, o escolar e o cotidiano. Não nos cabe nesse momento enveredarmos nas discussões sobre esses diferentes tipos de conhecimento. Vale reconhecer a complexidade que os envolve, que os situa particularmente em cada campo do saber e especificamente no contexto da escola, para buscar indícios desses elementos nas redações dos candidatos. García (1999, p. 94) assim coloca as questões implicadas no conhecimento escolar:

> [...] o conhecimento escolar deve coletar o pensamento próprio de cada cultura, pensamento que se organiza em sistemas de ideias (conhecimento científico-técnico, conhecimento filosófico, conhecimento cotidiano, conhecimento mágico-religioso, etc.) que interagem entre si. Entretanto, a cultura não é algo homogêneo, e embora seja certo que os indivíduos constroem uma certa visão de mundo dentro de um contexto mediado por diferentes agentes socializadores, também é verdade que esses agentes representam determinadas populações de ideias concorrentes (Toulmin, 1972), que lutam por se impor umas às outras, utilizando para isso, não só seu valor adaptativo, mas também as relações de poder existentes.

O que pretendemos aqui é compreender, com base nas redações de vestibular, os fatores que intervêm nos processos de produção da linguagem escrita e os modos de construção desse discurso no que toca à produção de diferentes linguagens sociais e à construção do conhecimento no processo de apropriação do discurso instituído, tendo em vista a concepção dialógica da linguagem no que concerne, aqui, à institucionalização de modos de expressão em diferentes textualidades (e conhecimentos) e que, por essa razão, promovem diferentes modos de argumentar (Goulart, 2007). Segundo Goulart, cada esfera do conhecimento ensinado na escola acabaria "institucionalizando formas de expor [seus] conhecimentos, em diferentes textualidades", estimulando e promovendo "diferentes modos de argumentar" (Goulart, 2007, p. 9).

Para sua argumentação, o falante (candidato-escrevente) precisa lidar com os três aspectos já destacados por Bakhtin (2003, p. 294): "palavra da *língua neutra*"; palavra *alheia* dos outros, cheia de ecos de outros enunciados; e "a *minha* palavra". De acordo com Bakhtin, quando nos apropriamos da palavra do outro, fazemo-no reproduzindo o tom apreciativo, as condições sociais em que são produzidas. De que linguagens e conhecimentos, então, os estudantes se utilizam para redigirem seus textos?

A LÍNGUA ESCRITA NAS REDAÇÕES: INTEGRAÇÃO DE LINGUAGENS E CONHECIMENTOS

Ao analisarmos as redações, (a) captamos indícios de usos cristalizados da língua escrita que refletem de algum modo "estilos" de leitura e aprendizagem dessa modalidade da língua; (b) também captamos formas inusitadas de um dizer que, nas palavras de Corrêa (2004), servem como instrumento ou de um expediente utilizado pelos candidatos para uma aproximação com o código escrito institucionalizado; (c) verificamos relações com a oralidade e a escrita; (d) bem como observamos referências explícitas de um conhecimento típico da cultura escolar até a reprodução da palavra alheia, explicitando a coletânea da prova. Vejamos alguns excertos que ilustram nossas observações:

USOS CRISTALIZADOS E ESCOLARIZADOS DA LÍNGUA ESCRITA: TERMOS E EXPRESSÕES FORMULADOS/ESTABILIZADOS DE INTRODUÇÃO/CONCLUSÃO DE PARÁGRAFOS

- "A sociedade atual sofre influência direta do imediatismo, e isso em decorrência das informações serem mais rápidas e dinâmicas [...]" (red. 35)

- "A vida moderna é caracterizada pelo desenvolvimento das atividades humanas." (red. 1)
- "É evidente em nosso cotidiano que cada vez mais há formas de comunicação virtual que substituem o convívio físico [...]" (red. 14)
- Resumidamente, letras são apenas letras e letras não sorriem, não olham, não abraçam e é por isso que o virtual será sempre mais pobre que o convívio real." (red. 14)
- "Portanto é importante se utilizar dos meios de comunicação existentes mas sem haver a exclusão de um pelo outro." (red. 1)

USOS ESCOLARIZADOS DA LÍNGUA: TENTATIVA DE ALÇAMENTO AO CÓDIGO INSTITUCIONALIZADO

- "[...] esse conjunto de malefícios torna negativa a forma de diálogo." (red. 35)
- "Os fatores supracitados estão levando a uma mutação linguística [...]" (red. 35)
- "[...] tempo esse que tem que ser gasto com atributos intelectuais, aumentando a carga culta." (red. 35)

MIXAGEM ORALIDADE-ESCRITA:

- [...] o predomínio do imediatismo explicado assima, será determinante nesse novo tipo de comunicação." (red. 35)
- "Cadê aquele contato, aquele corpo à corpo ou aquele ôlho no ôlho que existia à alguns anos?" (red. 40)
- "Muitas pessoas de maioria jovem ficam horas parados, vidrados nas telas dos computadores em casa ou em uma lan house [...]" (red. 40)
- "[...] e isso está acontecendo com todas as línguas, até chegarmos à um ponto aonde o mundo inteiro se comunicará com a mesma língua [...]" (red. 40)
- "Todos, jovens, adultos, se todos usarem o bom senso, e se importarem menos com o tempo em uma conversa digital [...]" (red. 7)

REFERÊNCIA AO CONHECIMENTO ESCOLAR ARTICULADA A CONHECIMENTOS QUE CIRCULAM NO COTIDIANO

- "[...] a vida após a revolução industrial ficou mais agitada [...]" (red. 35)
- "[...] Se comunicar é uma das características de maior expressão nos seres humanos, é a identidade de cada nação e região, de geração em geração a língua sofre algumas mudanças, porém do século XXI pra cá, o respeito pela expressão e jeito de escrever caiu muito" (red. 7)
- "O 'Twitter', por exemplo, é atualmente uma das formas contemporâneas de comunicação mais usadas no mundo, porém corrompe o usuário fazendo com que use linguagem coloquial e prejudica duramente a escrita. Isso deturpa toda uma geração, que fica comunicativamente fragilizada." (red. 10)
- "A globalização faz com que as pessoas procurem por meios de comunicação cada vez mais eficientes." (red. 10)
- "[...] Muitas pessoas de maioria jovem ficam horas parados, vidrados nas telas dos computadores em casa ou em uma lan house usando um linguajar não conhecido à vinte anos atrás. Uma língua nova formada por código, abreviações e emoticons." (red. 40)
- "Uma das melhores maneiras de estudar duas vezes é ler um livro, que seja de qualidade por sinal, porque além de se acostumar com a escrita certa, pode também acumular conhecimento e cultura." (red. 7)
- "Os fatores supracitados estão levando a uma mutação linguística, onde o predomínio do imediatismo explicado assima, será determinante nesse novo tipo de comunicação." (red. 35)

REPRODUÇÃO OU ALUSÃO ÀS IDEIAS DA COLETÂNEA E DA PROPOSTA DE REDAÇÃO

- "Outra forma de uso é trocar idéias com pessoas desconhecidas como no twitter [...]" (red. 1)
- "O 'twitter', por exemplo, é atualmente uma das formas contemporâneas de comunicação mais usadas no mundo [...]" (red. 10)

- "De fato há um empobrecimento na forma de comunicação atual, como é evidenciado no caso do 'twitter' que consiste em escrever textos com no máximo 140 caracteres [...]" (red. 4)

Os excertos apresentados acima refletem a tentativa do candidato-escrevente de atender às especificidades do gênero "redação de vestibular". Essa tentativa está pautada, conforme Corrêa (2004), no imaginário que se faz da escrita como código escolar institucionalmente reconhecido. Wilson (2012, p. 104), conforme também já detectado por Corrêa, diz que a presença de usos escolarizados da língua parece reforçar o alçamento dos candidatos à (imagem da) escrita escolarizada:

> O uso, por vezes excessivo, desses termos dá a impressão de uma caricatura da escrita, ou melhor, da imagem que os alunos têm da escrita e que foram construídas na escola e também fora dela (a mídia tem dado destaque à norma culta sobre as demais ultimamente).

Quanto a isso, Corrêa (2004) também ressalta que "esse aspecto linguístico – saliente para o escrevente – vem sob a moldura da marca da reelaboração", ou seja, representa a tentativa do aluno (o escrevente) de se alçar à escrita culta formal.

As marcas da oralidade que compõem a escrita refletem o caráter heterogêneo da língua e nos permitem compreender o fato de que o aluno percebe a escrita como uma "tecnologia" capaz de representar inteiramente o oral/falado. Assim, salientando a natureza heterogênea da escrita e a imagem que o escrevente (o aluno) faz dela, Corrêa (2004, p. 166) afirma:

> O tipo de mixagem que o escrevente propõe quando toma como referência o código institucionalizado tem, pois, como pano de fundo, a visão do letrado/escrito como um modo autônomo de expressão, em cujo processamento – identificado, no caso estudado, à *escrita formal culta* – o escrevente se espelha. Na prática, porém, tal autonomia, por não ter um modelo puro

> nem, de resto, um correspondente empírico, reduz-se à suposição de que se pode transformar a oralidade, tomada globalmente, numa escrita pura, talvez pelo fato de esta última poder dar à primeira uma forma gráfica.

Esses casos evidenciam o fato de que os alunos assimilam os saberes escolares, buscando se aproximar do que supõem ser o código institucionalizado, ao mesmo tempo que encontram dificuldades em seu processo de assimilação/internalização dos saberes. Essa dificuldade está associada a alguns fatores, tais como: (a) a busca de sentido e conhecimento: "É necessário levar conhecimento ao texto para poder compreendê-lo", afirma Rockwell (1985, p. 88); (b) a falta de maior intimidade com a linguagem dos conhecimentos especializados: dificuldade de apropriação das linguagens sociais "priorizadas pela escola e aos modos como os alunos se organizam, relaciona-se e luta com as linguagens sociais já utilizadas/constituídas por eles" (Goulart, 2007, p. 8); (c) separação entre os *usos sociais* e os *escolares* da leitura e da escrita (ainda que os alunos, em sua trajetória escolar, tenham contato sistemático com a língua escrita e com os diferentes modos de aprendê-la). A esse respeito, Rockwell (1985, p. 94) declara:

> Aprender na escola é, sobretudo, aprender a fazer coisas, aprender "usos" dos objetos escolares, entre eles da língua escrita. O pressuposto é que ao se "fazer" as coisas se conhecem as características do objeto; em certa medida o contato escolar com livros e objetos para escrever possibilita, efetivamente, a apropriação da língua. Mas geralmente o que se ensina a fazer com a língua escrita na escola, ainda quando o ensino seja muito bom, é pouco representativo do leque social de usos da leitura e da escrita.

Como observamos, há inúmeros fatores interligados e implicados aos processos de apropriação da língua escrita na escola e de sua sistematização como língua e conhecimento escolarizado. Como *palavra alheia*, encontramos ecos (leituras) de enunciados de raiz escolar e também de outras fontes de conhecimento.

Encontramos exemplos de luta com o código institucionalizado. Observem-se as construções sintáticas "estranhas", as marcas de oralidade que se mesclam à escrita padrão com aspectos ainda confusos e "ingênuos" de ortografia; os modelos de conciliação com o chamado código institucionalizado, ainda que, muitas vezes, pautados em *fórmulas típicas de performance* correspondentes ao gênero (Hanks, 2008), além do reforço da proposta de redação e das ideias contidas na coletânea como alusão ou reprodução dessas ideias, na maioria dos casos. Há, ainda, casos de "mixagem" de conhecimentos cujos limites são bem tênues entre os saberes aprendidos na escola e aqueles que circulam no cotidiano.

Todos os excertos exemplificados neste trabalho apontam para constatações generalizadas em termos de circulação social; algumas especializadas quando relativas ao conhecimento linguístico. Muito do que se diz é fruto das ideias da coletânea e corresponde à voz de autoridade: a entrevista de Saramago e os saberes escolares mais formais integrados a contribuições de outros campos de referência representam, na maioria das redações, a importância da palavra alheia como palavra de autoridade. Apesar de um padrão de respostas em torno de crenças comuns, as redações procuram atender aos objetivos do gênero. Contrariando a visão reducionista sobre o conhecimento e a linguagem cotidiana – como representações simplificadas, simplificadoras e automáticas da realidade –, encontramos nesses excertos usos complexos (porque complexificados) da linguagem, formando uma imagem do conhecimento escolarizado em atenção aos interlocutores mais imediatos.

De acordo com García (1999, p. 86):

> Tanto no âmbito cotidiano como no científico, existem formas mais ou menos complexas de enfrentar problemas, assim como problemas de complexidade muito diferente, e por isso, os enfoques simplificadores e os problemas simples não devem ser identificados com o pensamento cotidiano.

Enfim, os candidatos não apenas reproduzem o pensamento cotidiano; eles enfrentam a dificuldade de escrever fazendo uso da língua – ainda que utilitário, funcional e esquemático – como modo de argumentar. Para isso, a linguagem mais complexa (quase uma hipercorreção) é um modo de garantir a força do argumento de autoridade e, assim, coincidir com as expectativas do gênero, do contexto e da audiência. Há, ao lado de uma homogeneização de linguagens, conhecimento e sentidos, uma representação do trabalho e do conhecimento escolar.

CONSIDERAÇÕES FINAIS: A SUPREMACIA DA PALAVRA ALHEIA

Compreender o processo de produção do discurso escrito implica reconhecer a influência que a escola exerce sobre a imagem que se faz da escrita, bem como a natureza heterogênea da linguagem.

O discurso escolar está diretamente associado à construção dos tipos de conhecimento que se apresentam nos textos escritos dos alunos. Tais conhecimentos são revestidos de linguagens e valores característicos da cultura escolar e de outros campos de referência que a ele se integram. O discurso pedagógico não se traduz ou se resume a mero exercício de "transposição didática". Na recontextualização dos saberes, muito se faz na escola (Lopes, 2008, p. 53), muitas releituras realizam-se e reelaboram-se quando inseridas nas práticas escolares. São, para Lopes, "construções sociais que variam com os princípios dominantes de cada sociedade, com as relações de controle e poder que se efetivam socialmente" (*ibidem*, p. 53). Ou seja, são lógicas recontextualizadas na escola e pela escola que se confundem também com lógicas peculiares de apropriação desses saberes escolares em concordância, tensão ou choque com as lógicas, as experiências, os saberes e as atividades dos alunos.

Se a escola, com sua concepção e métodos de ensino, acaba por difundir e sistematizar determinadas noções a respeito da natureza da linguagem que são, de uma forma ou de outra, refletidas nas produções escritas dos alunos, muito se faz e se refaz nessa prática. Se encontramos reproduções esquemáticas do conhecimento escolar, também encontramos cópias (ou diálogos com a) da linguagem do senso comum em meio à diversidade das linguagens sociais que circulam no nosso cotidiano. Portanto, não nos cabe aqui responsabilizar eternamente a escola, as práticas escolares, ou mesmo os professores, mas, sim, compreender como são complexos as redes de conhecimentos que constituem o conhecimento escolar, a própria natureza da língua padrão (que tampouco é homogênea) e os níveis de acesso e acessibilidade aos meios mais formais de conhecimento tais como são exigidos pelos exames vestibulares e outras esferas de maior formalidade. Portanto, se esperarmos que "os textos produzidos pelos alunos atendam ao ideal unificador de cultura, língua e conhecimento, não seremos capazes de perceber nem a heterogeneidade constitutiva nem também as especificações do gênero redação de vestibular" (Wilson, 2012, p. 109).

Nos exemplos que trouxemos para análise, pudemos observar que a maior parte do conhecimento priorizado pelos alunos é fruto de uma visão comum de mundo. Tal fato é interpretado aqui como um reflexo da força do contexto (e do próprio tema da redação, muito familiar aos candidatos), o que reforçou de certa forma o princípio dialógico da linguagem – porém, como meio de atribuir sentido e significado mais coincidente com a palavra alheia do que com a palavra própria.

No entanto, tal apropriação da palavra do outro não se deu de modo a simplesmente reproduzi-la. Sempre podemos ter acesso "a informações adicionais sobre a língua escrita e seu uso", segundo Rockwell (1985, p. 88). A cosmovisão coletiva apresentada nas redações não seria uma resposta à natureza e às pressões do próprio contexto ou da ideia/do imaginário que dele se faz?

Por isso, compartilhamos com García o seguinte: o conhecimento de natureza pessoal dos alunos deve ser um referencial contínuo no conhecimento escolar, pois, "de um ponto de vista educativo, trabalha-se desde e para o conhecimento que os alunos têm, geram e constroem" (García, 1999, p. 98), compreendendo o quanto o conhecimento escolar "tem seu espaço gerador concreto na prática pedagógica escolar, envolvida por mútuas interferências e atuações" (Silva e Moreira, 2010, p. 22).

Assim, com este estudo, esperamos contribuir para uma melhor compreensão do trabalho com a linguagem, especialmente no que toca ao ensino de gêneros escolares, apresentando novas perspectivas que possibilitem ampliar as reflexões a respeito da (leituras da) língua escrita e dos múltiplos conhecimentos que a integram.

REFERÊNCIAS

Antunes, I. *Aula de Português: encontro & interação.* São Paulo: Parábola Editorial, 2003.

Arnay, J. "Reflexões para um debate sobre a construção do conhecimento na escola: rumo a uma cultura científica escolar". In: Rodrigo, M. J.; Arnay, J. (orgs.). *Conhecimento cotidiano, escolar e científico: a construção do conhecimento escolar 1.* São Paulo: Ática, 1999, p. 37-74.

Bakhtin, M. *Questões de estética e literatura: a teoria do romance.* São Paulo: Unesp/Hucitec, 1993.

______. "Os gêneros do discurso". In: ______. *Estética da criação verbal.* 4. ed. Trad. Paulo Bezerra. São Paulo: Martins Fontes: 2003 [1979].

Bortoni-Ricardo, S. M. "Variação linguística e atividades de letramento em sala de aula". In: Kleiman, Â. B. (org.). *Os significados do letramento: uma nova perspectiva sobre a prática social da escrita.* Campinas: Mercado de Letras, 1995, p. 119-46.

______. *Educação em língua materna: a sociolinguística em sala de aula.* São Paulo: Parábola, 2004.

Cicillini, A. F.; Nogueira, S. V.; Souza Júnior, A. J. de. *Educação escolar, saberes e práticas pedagógicas.* Uberlândia: EDUFU, 2002.

Corrêa, M. L. G. "Letramento e heterogeneidade da escrita no ensino do português". In: Marcuschi, L.; Signorini, I. *et al.* (orgs.). *Investigando a relação oral/escrito e as teorias do letramento.* Campinas: Mercado de Letras, 2001, p. 135-66. [1ª reimpressão: 2006.]

__________. *O modo heterogêneo de constituição da escrita*. São Paulo: Martins Fontes, 2004.

Fiorin, J. L. "Da necessidade de distinção entre texto e discurso". In: Brait, B.; Souza-e-Silva, M. C. (orgs.). *Texto ou discurso?* São Paulo: Contexto, 2012, p. 145-66.

Freire, P. *A importância do ato de ler: em três artigos que se completam*. São Paulo: Cortez, 1995.

García, E. "A natureza do conhecimento escolar: transição do cotidiano para o científico ou do simples para o complexo?" In: Rodrigo, M. J.; Arnay, J. (orgs.). *Conhecimento cotidiano, escolar e científico: a construção do conhecimento escolar*. São Paulo: Ática, 1999, p. 75-102.

Ginzburg, C. (org.). *Mitos, emblemas e sinais: morfologia e história*. 2. ed. São Paulo: Companhia das Letras, 1989.

Goulart, C. "Enunciar é argumentar: analisando um episódio de uma aula de História com base em Bakhtin". *Pro-Posições*, v. 18, n. 3 (54), set.-dez. 2007, p. 93-107.

Hanks, W. F. *Língua como prática social: das relações entre língua, cultura e sociedade a partir de Bourdieu e Bakhtin*. Org. de A. C. Bentes, R. Rezende, M. Machado. São Paulo: Cortez, 2008.

Lopes, M. A. C. *Políticas de integração curricular*. Rio de Janeiro: Eduerj, 2008.

Moreira, A. F.; Candau, V. M. *Currículo, conhecimento e cultura*. 2007. Disponível em: <http://site1392986865.hospedagemdesites.ws/MEDH2/arquivos/Curriculo%2cconhecimento%2ccultura VeraAntonioFlavio.pdf" \t "_blank"http://site1392986865.hospedagemdesites.ws/MEDH2/arquivos/Curriculo,conhecimento,cultura VeraAntonioFlavio.pdf>. Acesso em: dez. 2014.

Rockwell, E. "Os usos escolares da língua escrita". *Caderno de Pesquisas*, n. 52, São Paulo, fev. 1985, p. 85-95.

Santos, L. L. C. P. "O processo do conhecimento escolar e a didática". In: Moreira, A. F. B. (org.). *Conhecimento educacional e formação do professor*. Campinas: Papirus, 1995.

Silva, J. I.; Moreira, E. M. S. "Saber cotidiano e saber escolar: uma análise epistemológica e didática". *Revista de Educação Pública*, v. 19, n. 39, Cuiabá, jan.-abr. 2010, p. 13-28.

Wilson, V. "A redação no vestibular: um gênero híbrido". *Revista Linguagem & Ensino*, v. 15, n. 1, Pelotas, jan.-jun. 2012, p. 87-112.

Os autores

BRUNO ARAÚJO

Graduando de Letras na Faculdade de Formação de Professores da Universidade do Estado do Rio de Janeiro (FFP-Uerj) e bolsista IC/Faperj.

GLAUCIA GUIMARÃES

Professora adjunta da Universidade do Estado do Rio de Janeiro (Uerj). Leciona na graduação e no Programa de Pós-Graduação em Educação – Processos Formativos e Desigualdades Sociais da Faculdade de Formação de Professores da Uerj. Procientista. Autora das obras *TV e educação na sociedade multimidiática: o discurso sedutor em imagem, som e palavra*, publicada pela Editora Quartet/Faperj, e *TV e escola: discursos em confronto*, publicada pela Cortez, entre outros artigos.

ISABEL CRISTINA M. BEZERRA

Graduada em Letras, mestre em Linguística Aplicada pela Universidade Federal do Rio de Janeiro (UFRJ) e Doutora em Letras (Estudos da Linguagem) pela PUC-Rio. Desenvolve estudos de pós-doutorado em Estudos da Linguagem pela PUC-Rio. Atuou como professora de ensino médio na rede estadual de ensino do Rio de Janeiro. Atualmente, é professora adjunta da Universidade do Estado do Rio de Janeiro (Uerj), atuando na graduação de Letras (Português/Inglês) e no curso de especialização em Educação Básica – Ensino de Língua Inglesa. Coordena projetos de iniciação à docência voltados ao ensino de inglês para crianças, bem como à produção de material para o ensino do idioma no ensino médio. Seus interesses de pesquisa, além daqueles relacionados aos projetos mencionados, envolvem aquisição de segunda língua, formação e reflexão docente e construção de identidade.

IZA TEREZINHA GONÇALVES QUELHAS

Doutora em Letras pela Universidade Federal do Rio de Janeiro. Professora associada da Universidade do Estado do Rio de Janeiro (Uerj). Leciona na Graduação de Letras e no Programa de Pós-Graduação em História Social do Território da Faculdade de Formação de Professores da Uerj.

JACQUELINE DE FATIMA DOS SANTOS MORAIS

Doutora em Educação pela Universidade Estadual de Campinas (Unicamp). Professora adjunta da Universidade do Estado do Rio de Janeiro (Uerj). Leciona na graduação e no Programa de Pós-Graduação em Educação – Processos Formativos e Desigualdades Sociais da Faculdade de Formação de Professores da Uerj. Procientista. Pesquisadora do Núcleo de Pesquisa e Extensão Vozes da Educação História e Memória das Escolas de São Gonçalo.

MAIRCE DA SILVA ARAÚJO

Professora adjunta da Universidade do Estado do Rio de Janeiro (Uerj). Leciona na graduação e no Programa de Pós-Graduação em Educação – Processos Formativos e Desigualdades Sociais da Faculdade de Formação de Professores da Uerj. Procientista. Vice-líder do Diretório Vozes da Educação: Memória e História e Formação de Professores. Pesquisadora associada ao Grupalfa/UFF.

MARCIA SOARES ALVARENGA

Doutora em Educação pela Universidade Federal do Rio de Janeiro (Uerj). Pós-doutorado em Educação pela Universidade

Federal de Minas Gerais (UFMG) e pela Universidade de Évora. Professora adjunta da Universidade do Estado do Rio de Janeiro (Uerj). Leciona na graduação e no Programa de Pós-Graduação em Educação – Processos Formativos e Desigualdades Sociais da Faculdade de Formação de Professores da Uerj, do qual é coordenadora adjunta. Procientista. Pesquisadora do CNPq. É membro do grupo de pesquisa Vozes da Educação: História e Memória das Escolas.

MARIA CRISTINA RIBAS

Professora adjunta da Universidade do Estado do Rio de Janeiro (Uerj), do Programa de Pós-Graduação em Estudos Literários do Departamento de Letras da Faculdade de Formação de Professores da Uerj. Procientista. Coordenadora do Núcleo de Extensão (NExt-FFP) na mesma faculdade. Pesquisadora associada da Cátedra de Leitura da Unesco na PUC-Rio. Autora de *Onze anos de correspondência: os Machados de Assis*, publicado pela 7 Letras/ PUC-Rio, entre outros artigos.

MARIA TEREZA GOUDARD TAVARES

Professora adjunta da Universidade do Estado do Rio de Janeiro (Uerj). Leciona na graduação e no Programa de Pós-Graduação em Educação – Processos Formativos e Desigualdades Sociais da Faculdade de Formação de Professores da Uerj. Coordenadora do Diretório de Pesquisa e Extensão Vozes da Educação: Memória e História e Formação de Professores. Membro do GT de Educação Popular da Anped. Pesquisadora associada ao Grupalfa/UFF.

RAFAELA CORRÊA SILVA

Graduanda de Pedagogia na Faculdade de Formação de Professores da Universidade do Estado do Rio de Janeiro (FFP-Uerj) e bolsista do ID/Pibid/Capes.

RENATA DE SOUZA MOURA

Graduanda de Pedagogia na Faculdade de Formação de Professores da Universidade do Estado do Rio de Janeiro (FFP-Uerj) e bolsista do ID/Pibid/Capes.

ROSIMERI DE OLIVEIRA DIAS

Professora adjunta da Universidade do Estado do Rio de Janeiro (Uerj). Leciona na graduação e no Programa de Pós-Graduação em Educação – Processos Formativos e Desigualdades Sociais da Faculdade de Formação de Professores da Uerj. Autora dos livros *Formação inventiva de professores* e *Deslocamentos na formação de professores.*

SIMONE RIBEIRO BARROS ANDRÉ

Mestre em Educação pela Faculdade de Formação de Professores da Uerj. Graduação em Letras (Português/Literaturas) pela Uerj. Tutora a distância do Cederj-Uerj.

VICTORIA WILSON

Doutora em Letras pela Pontifícia Universidade Católica do Rio de Janeiro (PUC-Rio). Pós-Doutorada na Universidade Federal Fluminense (UFF). Professora associada de Linguística da Universidade do Estado do Rio de Janeiro (Uerj). Leciona na Faculdade de Formação de Professores da Uerj. Participa do grupo de pesquisa Linguagem, Cultura e Práticas Educativas da UFF. Membro do Diretório Linguagem, Identidades, Ensino (FFP-Uerj). Conselheira da Assel-Rio.